Faïza Belbachir
Mohand Boughanem

Différentes approches pour la détection d'opinions

Faïza Belbachir
Mohand Boughanem

Différentes approches pour la détection d'opinions

Le lexique, l'apprentissage machine et les modèles de langue pour la recherche d'opinions

Presses Académiques Francophones

Impressum / Mentions légales
Bibliografische Information der Deutschen Nationalbibliothek: Die Deutsche Nationalbibliothek verzeichnet diese Publikation in der Deutschen Nationalbibliografie; detaillierte bibliografische Daten sind im Internet über http://dnb.d-nb.de abrufbar.
Alle in diesem Buch genannten Marken und Produktnamen unterliegen warenzeichen-, marken- oder patentrechtlichem Schutz bzw. sind Warenzeichen oder eingetragene Warenzeichen der jeweiligen Inhaber. Die Wiedergabe von Marken, Produktnamen, Gebrauchsnamen, Handelsnamen, Warenbezeichnungen u.s.w. in diesem Werk berechtigt auch ohne besondere Kennzeichnung nicht zu der Annahme, dass solche Namen im Sinne der Warenzeichen- und Markenschutzgesetzgebung als frei zu betrachten wären und daher von jedermann benutzt werden dürften.

Information bibliographique publiée par la Deutsche Nationalbibliothek: La Deutsche Nationalbibliothek inscrit cette publication à la Deutsche Nationalbibliografie; des données bibliographiques détaillées sont disponibles sur internet à l'adresse http://dnb.d-nb.de.
Toutes marques et noms de produits mentionnés dans ce livre demeurent sous la protection des marques, des marques déposées et des brevets, et sont des marques ou des marques déposées de leurs détenteurs respectifs. L'utilisation des marques, noms de produits, noms communs, noms commerciaux, descriptions de produits, etc, même sans qu'ils soient mentionnés de façon particulière dans ce livre ne signifie en aucune façon que ces noms peuvent être utilisés sans restriction à l'égard de la législation pour la protection des marques et des marques déposées et pourraient donc être utilisés par quiconque.

Coverbild / Photo de couverture: www.ingimage.com

Verlag / Editeur:
Presses Académiques Francophones
ist ein Imprint der / est une marque déposée de
OmniScriptum GmbH & Co. KG
Heinrich-Böcking-Str. 6-8, 66121 Saarbrücken, Deutschland / Allemagne
Email: info@presses-academiques.com

Herstellung: siehe letzte Seite /
Impression: voir la dernière page
ISBN: 978-3-8381-4600-3

Zugl. / Agréé par: L'université Paul Sabatier 3 de Toulouse, laboratoire de recherche IRIT,2014

Copyright / Droit d'auteur © 2014 OmniScriptum GmbH & Co. KG
Alle Rechte vorbehalten. / Tous droits réservés. Saarbrücken 2014

Résumé

Avec l'évolution du Web, de nombreuses formes de contenu ont été générées par les utilisateurs, y compris les pages personnelles, les discussions et les blogs. Ces derniers sont un moyen facile pour l'expression des avis personnels, le partage des sentiments, ou pour commenter différents sujets. La présence d'information de nature subjective (opinion) apparaît de manière très visible dans les blogs. Ces opinions ont une grande importance dans plusieurs domaines (politique, commercial, ou industriel) d'où la nécessité de les détecter automatiquement.

Nos travaux de thèse s'inscrivent dans le contexte de la recherche d'information et s'intéressent plus précisément à l'information de type opinion. Le challenge majeur dans ce cadre est d'arriver à sélectionner des documents qui sont à la fois pertinents à un sujet donné et porteurs d'opinions sur ce sujet. Si la recherche d'information thématique, permet de répondre au critère de pertinence, une des problématiques majeure de cette tâche est de répondre au second critère. En effet outre la question relative à l'identification de documents porteurs d'opinions (nous parlons ainsi de documents subjectifs) ; il faudrait que l'opinion exprimée dans le document porte sur le sujet. Ceci n'est évidemment pas certain car un document peut traiter différents sujets.

Parmi les différentes approches existantes dans la détection d'opinion, certaines se basent sur des lexiques de termes subjectifs et d'autres sur l'apprentissage automatique. Dans le cadre de cette thèse nous nous sommes intéressés aux deux types d'approches en palliant certaines de leurs limites.

Notre contribution porte sur trois principaux volets. En premier lieu nous proposons une approche lexicale pour la détection d'opinion dans les blogs. Pour ce faire, nous exploitons différentes ressources subjectives, ouvertes, disponibles telles que IMDb, ROTTEN, CHESLY et MPQA qui constituent la source d'opinions. Nous supposons que si un document est similaire à cette source, il est vraisemblablement porteur d'opinions. Pour estimer cette vraisemblance, nous proposons de modéliser le document à tester et la source d'opinion par des modèles de langue et de mesurer la similarité des deux modèles. Plus cette similarité est grande et plus le document est vraisemblablement subjectif.

Notre deuxième contribution porte sur la proposition d'une approche de détection d'opinion basée sur l'apprentissage automatique. Pour cela, nous proposons différentes caractéristiques pertinentes telles que l'Émotivité, la Subjectivité, L'Adressage, La Réflexivité permettant de répondre à la tâche en question.

Notre troisième contribution concerne la polarité de l'opinion qui consiste à déterminer si un document subjectif a une opinion positive ou négative sur le sujet. De ce fait, nous proposons de prendre en compte un aspect du domaine, permettant de montrer que la polarité d'un terme peut dépendre du domaine dans lequel il est utilisé.

Mots-clés: Recherche d'information, détection d'opinions, détection de polarité, modèles de langue.

Table des matières

Introduction   1

1 Contexte de travail : l'analyse des sentiments   **6**

   1.1 Introduction 6
   1.2 Motivation de l'analyse des sentiments 6
      1.2.1 Usage personnel 7
      1.2.2 Usage professionnel 9
   1.3 Processus de recherche d'opinion 10
      1.3.1 Acquisition et prétraitement du corpus 11
      1.3.2 La pertinence par rapport au sujet 11
         1.3.2.1 La phase d'indexation 12
         1.3.2.2 Élimination de mots vides 13
         1.3.2.3 La normalisation (lemmatisation ou radicalisation) 13
         1.3.2.4 Pondération des termes 13
         1.3.2.5 La phase appariement requête-document 14
         1.3.2.6 La phase de reformulation de requête 17
      1.3.3 La détection d'opinion 17
      1.3.4 La détection de polarité 17
   1.4 Les difficultés de la détection d'opinions et de la polarité 18
      1.4.1 L'étude de la subjectivité 18
      1.4.2 Contraste entre l'analyse de texte traditionnelle et l'analyse basée sur les sentiments. 18
      1.4.3 Le facteur polarité 19
      1.4.4 Les difficultés spécifiques à l'extraction d'opinions dans les *blogs* 20
   1.5 Les ressources subjectives 20
   1.6 Les *blogs* comme source d'opinions 22
   1.7 Les campagnes d'évaluation de la recherche d'opinions 22

		1.7.1	TREC Blog Track	23
		1.7.1.1	Définition	23
		1.7.1.2	Collection de test	24
		1.7.1.3	Évaluation de l'efficacité des systèmes de recherche d'opinions dans TREC	26
	1.7.2	NTCIR		29
		1.7.2.1	La collection de test	29
		1.7.2.2	Jugements de pertinence	30
	1.7.3	Conclusion		30

2 Détection d'opinions : État de l'art — 31

2.1 Introduction 31
2.2 Approches sur la détection d'opinions 31
    2.2.1 Approches Lexicales 31
        2.2.1.1 Travaux utilisant des ressources internes 32
        2.2.1.2 Travaux exploitant des ressources externes 35
    2.2.2 Approches par apprentissage automatique 37
        2.2.2.1 Les classifieurs utilisés 37
        2.2.2.2 Les caractéristiques 38
        2.2.2.3 Les travaux qui utilisent l'apprentissage automatique 39
2.3 Détection de la polarité : les différentes approches 41
2.4 Récapitulatif des approches 42
2.5 Les limites des approches 44
2.6 Conclusion 44

3 Modèles de langue pour la détection d'opinions — 45

3.1 Introduction 45
3.2 Approche proposée pour la détection d'opinions basée sur les modèles de langue . 46
    3.2.1 Modèle du document 47
        3.2.1.1 Modèle de langue indépendant 48
        3.2.1.2 Modèle de langue dépendant 48
    3.2.2 Modèle de la référence 50
3.3 Scores d'opinion 52
3.4 Expérimentations 53
    3.4.1 Résultats 54

3.4.1.1	Impact de la subjectivité selon SentiWordNet	55
3.4.1.2	Impact de la collection de référence	57
3.4.1.3	Impact du modèle du document	58
3.4.1.4	Impact de la fonction de score d'opinion	60
3.5	Évaluation du modèle combinant pertinence et opinion	62
3.6	Comparaison avec d'autres travaux	65
3.7	Conclusion	65

4 Apprentissage automatique basé sur des caractéristiques dépendantes et indépendantes de la requête   **67**

4.1	Introduction	67
4.2	Caractéristiques exploitées	67
4.2.1	Caractéristiques indépendantes du *topic*	68
4.2.1.1	Émotivité	68
4.2.1.2	Subjectivité	68
4.2.1.3	Réflexivité	70
4.2.1.4	Adressage	70
4.2.2	Caractéristiques dépendantes du *topic*	70
4.2.2.1	Score de pertinence	71
4.2.2.2	Rang de pertinence	71
4.3	Expérimentations	71
4.3.1	Caractéristiques individuelles	71
4.3.2	Combinaison des caractéristiques	73
4.3.3	Utilisation des différents classifieurs	74
4.4	Comparaison avec les autres travaux	76
4.5	Conclusion	77

5 Impact du domaine (thème) dans la détection de la polarité   **78**

5.1	Introduction	78
5.2	Démarche : Méthodologie	79
5.3	Catégorisation des *topics* de TREC	80
5.4	Expérimentations	82
5.4.1	Détection de la polarité sans classification des *topics*	83
5.4.2	Détection de la polarité avec classification des *topics*	84

5.5 Conclusion 86

Conclusion et perspectives	87

Bibliographie	93

Table des figures

1.1 Le film avec un avis positif (note 8.1). 8

1.2 Le film avec un avis négatif (note de 5). 8

1.3 L'analyse des sentiments à travers le débat 9

1.4 Les différents domaines d'applications de la détection d'opinion 10

1.5 Processus de la détection d'opinions. 11

1.6 Processus en U de la recherche d'information 12

1.7 Format d'un document de TREC Blog 2006. 25

1.8 Facteurs des mesures : précision et rappel 27

1.9 La courbe rappel et précision 28

2.1 Une partie du lexique extrait de TREC Blog 2006 selon [36] 32

2.2 Une partie du lexique *Opin* des termes subjectifs [31] 34

2.3 Les termes subjectifs selon [2] 39

3.1 Modèle de langue où θD représente le modèle du document D porteur d'opinion, θQ représente le modèle de la requête Q et θR représente le modèle de la collection de référence R. 46

3.2 Le processus de l'approche lexicale qui retourne les documents à opinion 47

3.3 L'impact de la subjectivité 55

3.4 Impact du lissage dans les modèles proposés 59

3.5 Différence entre la moyenne de $Score\_mixte\_R(D)$ pour les documents porteurs d'opinions et de celle des documents non porteurs d'opinions 61

3.6 Différence entre la moyenne de score $Score\_KL\_R(D)$ pour les documents porteurs d'opinions et de celle des documents non porteurs d'opinions 61

3.7 Les résultats de la mesure MAP pour chaque *topic* de TREC Blog 2006 comparant notre modèle TS avec la Baseline B4. 63

4.1 L'évaluation des *topics* de 2007 en utilisant SVM 75

5.1 Détection de polarité (POS : positive, NEG : négative) sans classification des *topics* 79

5.2 Détection de polarité avec classification des *topics* (démarche proposée) 80

5.3 Polarité positive 85

5.4 Polarité négative 85

Liste des tableaux

1.1	Modèle booléen	15
1.2	Les caractéristiques de la collection TREC Blog 2006 [63]	24
1.3	Le format du *topic* de TREC Blog	25
1.4	Jugement de pertinence de TREC Blog	26
3.1	Les résultats des mesures MAP et P@10 pour les modèles qui prennent en compte la subjectivité selon *SWN* et ceux qui n'en tiennent pas compte	55
3.2	Les résultats des mesures MAP et P@10 pour les modèles qui prennent en compte la subjectivité 2 selon *SWN* et pour ceux qui n'en tiennent pas compte	56
3.3	Les résultats des mesures MAP et P@10 pour les différents modèles de la collection de référence	57
3.4	Les résultats des mesures MAP et P@10 pour les différents modèles du document	58
3.5	Les résultats des mesures MAP et P@10 pour les modèles à double lissage avec ceux qui ne prennent pas en compte le lissage.	59
3.6	Les résultats des mesures MAP et P@10 selon la fonction de score d'opinion.	60
3.7	Les résultats des mesures MAP et P@10 pour le modèle qui se base sur un score produit et pour celui basé sur la linéarité pour ré-ordonner les documents à opinions, et pour la *baseline* 4.	62
3.8	Les résultats de la MAP pour les 5 top *topics*.	64
3.9	Les résultats de la MAP pour les 5 moins bon *topics*.	64
4.1	Les résultats de la MAP pour les principales caractéristiques considérées individuellement (indépendantes)	72
4.2	Les résultats de la MAP pour les principales caractéristiques indépendantes combinées avec celles dépendantes du *topic*	72

4.3 Combinaison des caractéristiques donnant les meilleurs résultats 73
4.4 Résultats des différents classifieurs 74
4.5 Topics qui donnent de bons résultats 75
4.6 Topics qui donnent les résultats les plus mauvais 76

5.1 Catégorisation des *topics* TREC Blog 2006 et 2007 par les annotateurs suivant les classes (thèmes) adoptées. 81
5.2 Résultats après classement de TREC 2006 par les annotateurs. 82
5.3 Résultats après classement de TREC 2007 par les annotateurs. 82
5.4 Les caractéristiques de la polarité 83
5.5 Mesure de la polarité obtenue par les deux expérimentations 83
5.6 Comparaison des résultats de la polarité avec et sans classification 84
5.7 Les 10 premiers *topics* qui donnent de bons résultats 86

Introduction

Depuis l'avènement d'Internet, beaucoup d'informations circulent dans le Web et qui peuvent être principalement classées en deux catégories, les faits et les opinions. Les faits sont des énoncés objectifs sur les entités et les événements. Les opinions sont des informations subjectives qui reflètent les sentiments des personnes ou leurs perceptions au sujet des entités et des événements.

Cette masse d'informations subjectives est d'un grand intérêt dans plusieurs domaines tels que le commercial (comme par exemple l'analyse des opinions pour améliorer des produits), la politique (au niveau des sondages des suffrages aux élections, par exemple), les critiques de films et autres.

Plusieurs chercheurs s'intéressent donc à la détection automatique d'opinion ou à l'analyse des sentiments. En particulier une des problématiques abordées est de rechercher des documents exprimant une opinion sur un sujet donné. C'est précisément ce qui nous intéresse dans le cadre de nos travaux. La difficulté dans cette tâche est d'arriver alors à sélectionner des documents à la fois pertinents à un sujet et porteurs d'opinions sur ce sujet.

La recherche d'information classique thématique, permet de répondre au critère de pertinence, mais trouver des documents pertinents à un sujet et porteurs d'opinions sur ce sujet n'est pas simple car un document peut traiter différents sujets. A cette difficulté s'ajoute le fait que les internautes s'expriment dans le web à travers plusieurs plateformes telles que les pages personnelles, les *blogs*, les *tweets* et autres, en utilisant un langage pas forcément formel, ce qui complique alors cette tâche.

D'une manière générale, les approches de recherche d'opinions se basent sur un processus à deux étapes. La première étape s'occupe de rechercher les documents potentiellement pertinents vis-à-vis de la requête. La seconde, quant à elle, consiste à sélectionner parmi eux uniquement ceux porteurs d'opinions. Plusieurs approches ont vu le jour dans ce contexte et qui peuvent être classifiées en deux classes : celles qui exploitent des lexiques d'opinions [30, 7, 8, 9, 36, 31, 83] et celles qui se basent sur l'apprentissage automatique [108, 33, 55, 93, 45, 26].

Les approches basées sur le lexique utilisent des listes (voire dictionnaires, thésaurus) de mots subjectifs (mots exprimant une opinion). Si un document comporte des mots subjectifs alors il est considéré comme un document de type opinion. Ce lexique est soit externe (ressource externe), c'est-à-dire construit indépendamment de tout corpus, tels que (SentiWordNet, SUBJ lexique, General Inquiry, Wilson lexicon), soit il est interne (ressource interne), c'est-à-dire généré à partir d'un corpus (les mots qui contiennent une opinion sont extraits directement du corpus). À chaque mot du lexique, qu'il soit interne ou externe, il est possible de lui associer un score d'opinion qui donne le degré de subjectivité du mot. Les approches exploitant le lexique, dépendent totalement de ce dernier. En effet, si le lexique est interne, il déterminera mieux les mots subjectifs mais sera spécifique à cette collection. Si le lexique est externe, il sera plus général mais moins approprié à la collection étudiée. De plus ces lexiques peuvent ne pas être disponibles ou non appropriés au langage utilisé dans les documents que l'on recherche.

Les approches basées sur l'apprentissage automatique utilisent des classifieurs tels que SVM (Machine à Vecteurs de Support), Naïve Bayesien, Régression Logistique, entraînés sur des corpus de mots, ou de phrases ou de documents, annotés comme étant subjectifs. Les approches exploitant l'apprentissage automatique dépendent principalement du choix des caractéristiques (*Features*) pertinentes permettant de répondre à la tâche de la détection d'opinions. En effet, ces caractéristiques peuvent rapporter de bonnes performances mais sont spécifiques à un domaine, ou elles sont générales mais elles perdent en performance.

Déterminer l'opinion d'un document est une tâche délicate, déterminer sa polarité en est une autre. La détection de la polarité est un raffinement de la détection d'opinions dans la mesure où on qualifie qu'un mot, une phrase ou un document contient des opinions de type positif, négatif ou mixte.

Les approches liées à cette sous tâche exploitent la polarité individuelle des termes subjectifs pour déterminer si l'opinion exprimée dans le document est dans sa globalité positive, négative ou mixte. Les polarités associées aux termes sont souvent effectuées à priori indépendamment de tout domaine, avec leur degré de subjectivité positive, mixte ou négative. Or, on peut constater que la polarité d'un mot peut dépendre du contexte, le domaine, dans lequel un mot est utilisé.

Les contributions de cette thèse concernent plusieurs points et portent principalement sur l'étape de détection d'opinions sur des documents préalablement jugés potentiellement pertinents pour une requête (c'est-à-dire concernent la seconde étape du processus de la recherche d'opinions).

Le premier point représente notre principale contribution, qui consiste à proposer une approche lexicale pour la détection d'opinions dans les *blogs*. Dans cette approche, nous proposons d'utiliser des ressources subjectives disponibles et ouvertes telles que (IMDb, Rotten, CHESLY, MPQA). Afin de déterminer si un document exprime une opinion, nous proposons de le comparer avec ces ressources.

L'intuition derrière cela est la suivante, un document ayant une similarité forte avec des sources d'opinions, est vraisemblablement porteur d'opinion. Pour mesurer cette similarité, nous exploitons des modèles de langue. Nous modélisons le document et la source porteuse d'opinions (dite de référence) par des modèles de langue. Les questions de recherche auxquelles nous nous sommes attaquées portent sur :

1. La définition de modèles de langue appropriés pour représenter l'opinion exprimée dans le document et dans la source.
2. La définition d'une fonction permettant de mesurer le degré de similarité entre le document et la source d'opinions.
3. L'étude de l'impact de la source d'opinion dans le processus de la détection d'opinions.

Notre deuxième contribution porte sur la proposition d'une approche de détection d'opinions basée sur l'apprentissage automatique. Dans cette approche, nous proposons un ensemble de caractéristiques permettant d'allier performance et généralité. Nous divisons ces caractéristiques en deux groupes : indépendantes du sujet c'est-à-dire générales telles que, l'émotivité, la subjectivité, l'addressage, la réflexivité et dépendantes du sujet c'est-à-dire spécifiques tels que le score de pertinence d'un document et son rang de pertinence pour un sujet donné. Les questions de recherche auxquelles nous nous sommes attaquées portent sur :

1. La définition de caractéristiques dépendantes et indépendantes du sujet pour déterminer l'opinion exprimée dans le document.
2. La détermination de la meilleur combinaison entre ces deux types de caractéristiques qui améliore au mieux la détection d'opinions.
3. L'étude de l'"impact du type de classifieur dans la tâche de la détection d'opinions.

Notre troisième contribution porte sur une problématique sous-jacente à la détection d'opinions, et s'agit de déterminer la polarité de l'opinion. Afin de mieux prendre en compte l'aspect du domaine, nous proposons pour notre part de construire une approche orientée sujets (domaines). C'est à dire que nous classifions des sujets en différents thèmes (Film, Organisation, Personne, Thème, Produit, Événement), pour chaque thème nous déterminons automatiquement la polarité de ces documents. La question de recherche principale sur laquelle nous nous sommes attaqués est de voir l'impact du domaine sur la détection de la polarité.

L'organisation de la thèse est la suivante :

Dans le *Chapitre 1*, nous montrons au préalable l'intérêt de la détection d'opinions dans les *blogs* dans plusieurs domaines aussi bien personnels que professionnels. Nous situons ensuite cette tâche comme une étape dans un processus de RI, nous énumérons quelques problématiques. Nous citons au final, les différentes campagnes d'évaluation.

Dans le *Chapitre 2*, nous présentons quelques travaux de la détection d'opinions et de la polarité en les distinguant selon leur catégorie lexicale ou par apprentissage.

Dans *Chapitre 3*, nous exposons notre première contribution sur la détection d'opinions se basant sur les modèles de langue.

Dans le *Chapitre 4*, nous présentons notre deuxième contribution sur la détection d'opinions se basant sur l'apprentissage automatique.

Dans le *Chapitre 5*, nous exposons notre troisième contribution qui concerne la détection de la polarité d'un document.

Nous concluons cette thèse par les différentes perspectives et les futures directions de recherche.

Chapitre 1

Contexte de travail : l'analyse des sentiments

1.1 Introduction

La recherche d'opinions est une tâche spécifique qui est à la croisée de la recherche d'information et de l'analyse d'opinion. Il s'agit de rechercher des documents pertinents vis-à-vis d'une requête et exprimant une opinion sur le sujet de la requête. Dans ce chapitre, nous montrons au préalable l'intérêt de cette tâche d'un point de vue personnel et professionnel. Nous décrivons ensuite le processus de la détection d'opinions. Nous énumérons quelques problèmes auxquels elle est confrontée. Nous présentons ensuite quelques sources de données, telles que les *blogs* qui sont considérés comme une source riche d'opinions et d'autres ressources subjectives telles que SentiWordNet, IMDb, CHESLY, ROTTEN. Vu l'importance des *blogs*, plusieurs campagnes d'évaluation les ont utilisé dans leurs différentes tâches, nous nous intéressons tout particulièrement à introduire les deux principales campagnes d'évaluation : TREC et NTCIR qui se sont intéressées à la tâche de la détection d'opinions dans les *blogs*, et décrivons les mesures les plus utilisées pour évaluer l'efficacité des systèmes de recherche d'opinion.

1.2 Motivation de l'analyse des sentiments

Ce que les autres personnes pensent a toujours été d'une importance considérable pour la prise de décision. Longtemps avant l'explosion du Web, la plupart des personnes demandait à leurs amis de leur recommander tel ou tel produit, de leur faire part de leurs opinions politiques, ou de leur avis sur un *job*, un sport, un professeur, etc. Mais avec l'arrivée du Web, grand nombre d'opinions et d'expériences de plusieurs personnes provenant de n'importe quel pays et sur n'importe quel sujet est devenu disponible. Cette masse d'information est un gisement inespéré et peut être utilisé aussi bien pour un usage personnel que professionnel.

1.2.1 Usage personnel

Chaque jour de plus en plus d'internautes postent leurs commentaires et partagent leurs opinions sur des sujets variés. Ces opinions constituent une source d'information importante pouvant influencer les internautes dans leur choix. Plusieurs études se sont intéressées aux comportements des internautes autour de cette masse d'informations. Une étude a été réalisée par L'OFT [61] (Office of Fair Trading) sur le comportement des internautes au niveau de l'achat en ligne, elle décrit les différentes raisons pour lesquelles les consommateurs achètent en ligne. Cette étude a été effectuée sur des internautes Britaniques durant les mois de novembre 2006 et de novembre 2009. Il a été constaté que l'achat des internautes sur le Net n'arrête pas d'accroitre et que cela est dû essentiellement à la facilité et à l'accessibilité de certaines informations du genre avis et sentiments qui influencent et mettent en confiance l'internaute pour l'achat de son produit. Des études américaines [16] confirment ce fait. Elles analysent les achats des internautes et l'impact des avis des autres internautes sur ces achats. L'étude se base sur 2000 internautes américains durant le mois d'octobre 2007 dans des contextes variés tels que les : restaurants, hôtels, voyages, services médicaux, automobiles et services à la personne. Cette étude révèle que les internautes sont prêts à payer 20% de plus pour les services qui ont obtenu une évaluation ou un étiquetage d'« Excellent » ou de « 5 étoiles » que les services qui ont obtenu comme étiquette « bien » ou « 4 étoiles ».

Actuellement l'information subjective est omniprésente dans plusieurs applications. A titre d'exemple pour l'achat d'un ordinateur portable, la consultation des avis des internautes joue sur la décision finale du consommateur. Il en est de même au niveau des films, la consultation des avis subjectifs joue aussi sur la décision d'aller voir le film. Comme nous le montrent les exemples suivants : deux films sont extraits du site IMDb, le premier a obtenu une note de 8.1 (voir figure 1.1), tandis que le deuxième obtient une note de 5.0 (voir figure 1.2). On aura plus tendance à aller voir le premier film que le second.

FIGURE 1.1 – Le film avec un avis positif (note 8.1).

FIGURE 1.2 – Le film avec un avis négatif (note de 5).

Les services (e.g. avis sur un produit) ne sont pas l'unique motivation des personnes mais l'information politique est un autre facteur important. Une étude a été faite par Raini et Horrigon [69] qui ont constaté que plus de 31% des Américains dans l'élection présidentielle de 2006 ont échangé des avis et des informations sur la campagne électorale. Un autre fait plus récent a été l'utilisation des différentes plateformes (*Youtube*, *Facebook*), qui a permis de réunir une masse importante d'internautes portant un avis commun sur une révolte gouvernementale (le printemps arabe). Les publications croissantes à teneur politique se font de plus en plus en ligne. Certains chercheurs essayent de déterminer l'accord ou le désaccord des internautes sur un projet de loi. Matt Thomas et al. [88] espèrent faciliter la reconnaissance de la position d'un internaute dans un débat politique grâce à l'analyse de ses sentiments (voir la figure 1.3).

FIGURE 1.3 – L'analyse des sentiments à travers le débat [1]

Les avis des internautes n'intéressent pas uniquement les individus mais aussi les marques, les politiciens et les entreprises qui veulent avoir accès à ces avis ordinaires pour pouvoir rectifier leurs erreurs.

1.2.2 Usage professionnel

Le marketing a rapidement compris l'intérêt de l'analyse des sentiments. Des agences vendent aux entreprises la traque des moindres mots sur leur image ou produit afin que ces derniers s'améliorent. Certains sites repèrent les meilleures critiques émises par les internautes et essayent de les mettre en premier pour donner bonne impression (site Ebay [2]). D'autres luttent contre les pourriels *spams* en contribuant à détecter des faux avis postés par des internautes (ou des agences uniquement) pour nuire ou dévaloriser ces entreprises ou ces produits [62]. Une autre

---
1. Source : http://www.cs.cornell.edu/home/llee/papers/tpl-convote.home.html
2. http://www.ebay.fr/

utilisation récente de l'analyse de ces avis est la prédiction qui consiste à extraire les avis des internautes concernés, et à partir de leurs avis positifs leur prédire des produits identiques à leurs attentes [54]. Plusieurs autres applications utilisent l'analyse des sentiments comme illustré dans la figure 1.4. Ces applications multiples et variées liées à l'analyse des sentiments et l'évolution des plateformes des réseaux sociaux (*blogs*, *tweets*, *facebook*, ect...) ont motivé plusieurs recherches sur ce sujet. L'une des recherches est la détection automatique d'opinions qui est le sujet d'intérêt de notre travail de thèse. Cette détection automatique d'opinion fait partie d'un processus que nous présentons dans la section suivante.

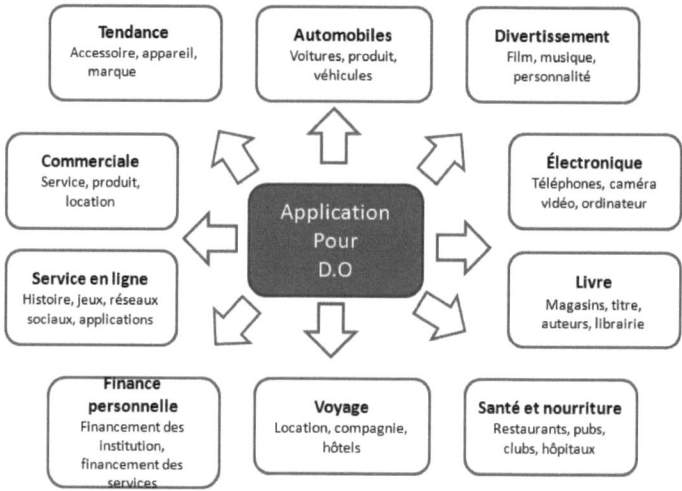

FIGURE 1.4 – Les différentes domaines d'applications de la détection d'opinion (D.O)[3]

1.3 Processus de recherche d'opinion

Le système de recherche d'opinion s'appuie sur un processus à trois étapes : acquisition et analyse du corpus, mesure de la pertinence des documents par rapport à un sujet, détection de l'opinion et ré-ordonnancement des documents. La figure 1.5 donne les principales étapes de la détection d'opinion.

---

3. Source : http://www.thebeaconservices.com

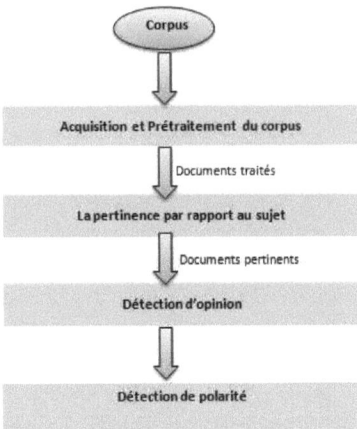

FIGURE 1.5 – Processus de la détection d'opinions.

1.3.1 Acquisition et prétraitement du corpus

Le corpus dont on veut faire la détection d'opinions ne peut pas être opérationnel immédiatement, il est nécessaire d'effectuer un nettoyage. Il faut tout d'abord filtrer les informations qui sont inutiles et qui surtout risquent de fausser l'analyse. En effet, la plupart des pages contiennent des quantités d'informations sans intérêt par rapport à la problématique (la pertinence et la détection d'opinions) et peuvent polluer les résultats. Ce mécanisme de filtrage ne s'opère pas manuellement car la quantité des données est volumineuse et diffère d'un thème à un autre, comme pour les *blogs* la majorité des travaux se sont portés sur un nettoyage au niveau des balises HTML inutiles, ainsi que sur les documents qui ne sont pas écrits en langue anglaise.

1.3.2 La pertinence par rapport au sujet

Cette étape est très importante, elle relève du domaine de la recherche d'information (RI). Le système de recherche d'information (SRI) permet de sélectionner à partir d'une collection de documents, des informations pertinentes répondant à des besoins d'utilisateurs [90, 78, 5]. Ces besoins sont souvent formulés par des requêtes (dites aussi *topics* ou sujets). Le document dit pertinent est le document qui répond au mieux à ces besoins, ce qui revient à dire que la pertinence d'un document porte sur sa relation avec la requête. Pour pouvoir répondre à cette tâche, le SRI met en oeuvre trois principales fonctions (l'indexation, l'appariement requête-document et la formulation de requête) représentées en général par le processus en U illustré par le schéma de la figure 1.6. Nous allons dans ce qui suit donner quelques concepts importants.

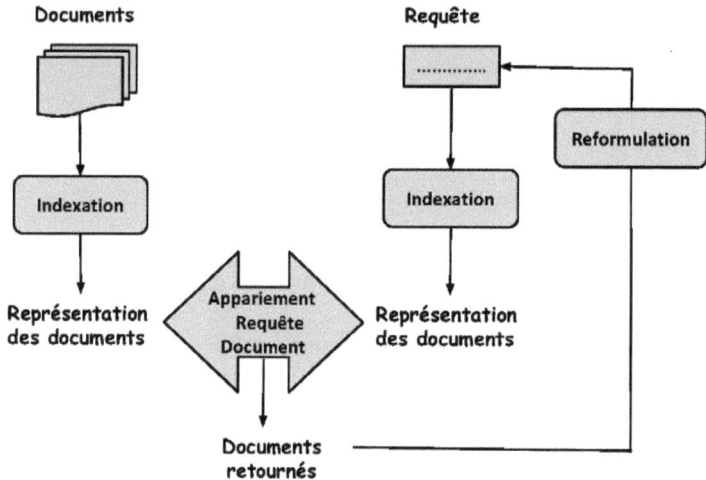

FIGURE 1.6 – Processus en U de la recherche d'information

1.3.2.1 La phase d'indexation

L'objectif principal de cette étape est de représenter le document et la requête par un ensemble de mots clés (que l'on nomme des descripteurs du document ou de la requête), afin de faciliter leurs exploitations par le système lors du processus de recherche. L'indexation peut être : manuelle, semi-automatique ou automatique.

- *Manuelle* : les documents sont analysés un à un par un documentaliste ou un spécialiste du domaine, ce type d'indexation assure une meilleur pertinence que les réponses apportées par le SRI [71], mais présente aussi plusieurs inconvénients, tels que l'effort fourni et le temps mis par les spécialistes. L'analyse des documents dépend totalement du spécialiste qui les annote, sachant que la perception humaine change d'une personne à une autre ce qui complique d'avantage cette tâche.

- *Semi-automatique* : les documents passent par deux étapes [6]. Dans un premier temps ils sont indexés par un processus automatique et dans un deuxième temps les documents retournés par la première étape sont examinés à l'aide d'un spécialiste qui s'appuie sur un vocabulaire contrôlé sous forme de thésaurus ou de base terminologique.
- *Automatique* : le processus d'indexation est entièrement automatique [50]. Nous décrivons dans ce qui suit les étapes que regroupe cette tâche.

1.3.2.2 Élimination de mots vides

L'élimination des mots vides facilite la phase d'indexation. C'est une tâche difficile, il ne faut pas éliminer des termes importants (qui rapportent de l'information dans la phase de pertinence par rapport au sujet). Il existe deux façons d'opérer : soit en se basant sur un dictionnaire qui comporte des mots vides (pronoms personnels, prépositions, etc.), soit en écartant les mots dépassant un certain nombre d'occurrences dans la collection.

1.3.2.3 La normalisation (lemmatisation ou radicalisation)

Dans cette phase un regroupement des différentes variantes (même sens) d'un même mot est fait, car il est inutile d'indexer individuellement tous les mots qui portent la même racine et reflètent la même signification (ex : illustre, illustration, illustré). Il existe plusieurs façons pour procéder à la lemmatisation : par l'analyse grammaticale en utilisant un dictionnaire (ex : Tree-tagger 5), par la méthode des n-gramme [3] ou par l'utilisation des règles de transformation de type condition action [67].

1.3.2.4 Pondération des termes

La pondération d'un terme est une étape fondamentale dans la phase d'indexation vu qu'elle mesure l'importance d'un terme dans le document, cette importance est traduite par une valeur ou un poids. Ils existent plusieurs systèmes de pondération mais la plupart d'entre eux se base sur la pondération TF IDF.

1. *TF (Term Frequency)* : cette mesure représente une pondération locale, elle considère la fréquence d'un terme dans le document (voir équation 1.1).

$$TF_{i,j} = \frac{td_{i,j}}{\sum_k td_{k,j}} \qquad (1.1)$$

Où $td_{i,j}$ est la fréquence du terme t_i dans le document d_j et $\sum_k td_{k,j}$ est le somme des fréquences des termes dans tout le document. Cette dernière permet de normaliser la fréquence du terme pour éviter les biais liés à la longueur du document.

2. *IDF (Inverse of Document Frenquency)* : cette mesure permet de prendre en compte la fréquence du terme dans la collection, elle représente une pondération globale (voir équation 1.2).

$$IDF = log(\frac{N}{n_i}) \quad (1.2)$$

Où N est le nombre de documents de la collection et n_i le nombre de documents contenant le terme t_i

1.3.2.5 La phase appariement requête-document

Cette phase permet de mesurer l'adéquation du contenu du document vis-à-vis de la requête. Ceci revient, de manière générale à mesurer un score de pertinence du document (d) par rapport à une requête (q). Ce score est calculé à partir d'une probabilité ou une similarité appelée : $RSV(q,d)$ (Retrieval Status Valus). Ces fonctions de mesure de pertinence sont déterminées en s'appuyant sur des modèles de RI tels que : modèle booléen, modèle vectoriel, modèle probabiliste ou modèle de langue.

1. **Modèle Booléen :**

    Le modèle booléen (Salton Gerard en 1968 [76]) est le premier modèle utilisé en recherche d'information. Il se base sur la théorie des ensembles et sur l'algèbre de Boole. La requête est représentée sous forme d'équation logique en utilisant les operateurs AND, OR ou NOT pour chacun de ces termes. L'opérateur AND signifie que le document retourné doit contenir tous les termes de la requête. L'opérateur OR signifie que le document retourné doit contenir au moins un terme de la requête et l'opérateur NOT désigne les termes qui ne doivent pas faire partie des documents pertinents retournés. Le document pertinent à la requête est celui qui répond TRUE à l'équation logique qui est la requête. Les limites de ce modèle est qu'il se base uniquement sur l'absence ou la présence des termes pour déterminer la pertinence, aucune pondération des termes n'est effectué et d'autre part le document retourné est soit pertinent ou pas (impossibilité de réordonner les documents selon leurs scores de pertinence).

Le tableau 1.1 montre un exemple du fonctionnement du modèle booléen. La requête est

TABLE 1.1 – Modèle booléen

Document Requête	Modèle	de	la	recherche	d'information
D1	0	0	0	0	0
D2	1	0	0	1	1
D3	0	0	0	1	1

formulée de la sorte suivante : Modèle AND Recherche AND Information) OR (Recherche AND d'information). Les documents pertinents retournés sont : D2 et D3.

2. **Modèle Vectoriel :**

Le modèle vectoriel a été développé par Salton Gerard en 1975 [29]. Le principe de ce modèle est de représenter le document d et la requête q comme des vecteurs pondérés de termes. La pertinence d'un document revient à calculer la similarité entre ces deux vecteurs. La mesure de similarité la plus répandue est celle du cosinus, comme nous le montre l'équation suivante :

$$RSV(\vec{q},\vec{d}) = COS(\vec{q},\vec{d}) = \frac{\vec{q}.\vec{d}}{|\vec{q}|.|\vec{d}|} = \frac{\sum_{i=1}^{|V|} q_i.d_i}{\sqrt{\sum_{i=1}^{|V|} q_i^2} \sqrt{\sum_{i=1}^{|V|} d_i^2}} \tag{1.3}$$

q_i : est le poids du terme i dans la requête.
d_i : est le poids du terme i dans le document.
$|\vec{q}|$ et $|\vec{d}|$: sont les longueurs de $\vec{q}$ et $\vec{d}$.
$|V|$: est le nombre total des termes de la requête.

3. **Modèle Probabiliste :**

Ce modèle utilise un modèle mathématique fondé sur la théorie des probabilités. Il a été utilisé en premier par Maron et Kuhns [50]. Le principe de la mesure de pertinence est de calculer un rapport entre la probabilité que le document d soit pertinent pour la requête q représentée par $P(R|D)$ sur la probabilité qu'il ne soit pas pertinent représenté par $P(\bar{R}|D)$. l'équation 1.4 représente cette mesure.

$$RSV(d,q) = \frac{P(R|d)}{P(\bar{R}|d)} \tag{1.4}$$

Où R : représente les documents pertinents à q.

et $\bar{R}$: représente les documents non pertinents à q.

Il existe plusieurs méthodes pour calculer ce score. La plus utilisée est le modèle BM25 qui répond aux limites des deux autres modèles (booléen et vectoriel) car il prend en considération la fréquence du terme et la taille du document. La formule correspondante est la suivante :

$$w_{ij} = \frac{tf_{ij}(k_1+1) \times log\frac{N-n_i+0.5}{n_i+0.5}}{k_1 \times ((1-b) + b\frac{l_{d_j}}{avg-l_{d_j}}) + tf_{ij}} \qquad (1.5)$$

Où tf_{ij} est la fréquence du terme t_i dans le document d_j, l_{d_j} et avg_d sont respectivement la taille du document d_j et la taille moyenne des documents dans la collection, k_1 et b sont des constantes.

4. **Modèle de langue :**

    Dans les modèles cités précédemment on cherche à mesurer la similarité entre le document et la requête (i,e. booléen) ou à estimer la probabilité que le document réponde à la requête $P(d|q)$ (i,e. ; probabiliste). Dans cette méthode l'hypothèse de départ est de dire que l'utilisateur formule sa requête en pensant aux documents qu'il souhaite retrouver. De ce fait on cherche à calculer la probabilité que la requête soit générée par le document $P(q|d)$. Les premiers chercheurs qui ont utilisé le modèle de langue pour la recherche d'information sont Jay Ponte et Bruce Croft [41]. En se basant sur le principe d'indépendance des termes, ce qui revient à dire qu'un terme n'influe pas sur la probabilité qu'un autre terme appartienne au document ou à la requête, la probabilité $P(q|d)$ est calculée selon l'équation 1.6.

$$P(q|d) = \prod_{t \in q} P(t|d)^{n(t,q)} \qquad (1.6)$$

Où $n(t,q)$: représente le nombre d'occurrences du terme t dans la requête q. Cependant, si un terme t de la requête n'appartient pas à un document, cette probabilité devient nulle pour tout le document. Pour remédier à cela, plusieurs modèles de lissage sont proposés, ils permettent d'attribuer un score non nul à un terme de la requête qui n'appartient pas au document. Chenqxiang Zhai et John Lafferty [103] ont utilisé plusieurs méthodes de lissage telles que Dirichlet, Jenlinek Mercer et Two-Stage pour déterminer la pertinence du document et ont prouvé que ces lissages ont un impact sur le calcul du score du réordonnancement des documents.

1.3.2.6 La phase de reformulation de requête

Cette technique permet à l'utilisateur de mieux exprimer son besoin en information dans le sens où elle lui retourne d'autres informations importantes (e.g. en terme de pertinence) permettant de reformuler sa requête initiale en une requête plus adéquate à ses besoins. Les approches liées à cette technique se divisent en deux : directes ou indirectes. Le principe des méthodes directes est d'ajouter à la requête initiale des termes sémantiquement proches. Cette proximité est mesurée de différentes manières par des mesures statistiques sur les documents de la collection, par des calculs de corrélations entre termes [49, 77, 68]. Tandis que pour les méthodes indirectes, leur principe s'appuie sur des jugements des utilisateurs (appelés Relevance feedback) qui jugent les documents retournés par le système permettant de re-pondérer (ajout ou suppression) des termes de la requête initiale [74, 40].

1.3.3 La détection d'opinion

Plusieurs méthodes ont été utilisées pour la détection d'opinion. Leur but est de réordonner les documents pertinents selon un score d'opinion. Ainsi les documents qui contiennent le plus d'opinions sont classés parmi les premiers. Les principales méthodes sont présentées dans le chapitre 2 de la thèse. Cette détection d'opinions est confrontée à plusieurs difficultés dont nous citerons quelques unes dans la section suivante.

1.3.4 La détection de polarité

La détection de polarité est une sous tâche de la détection d'opinions, elle permet de déterminer si un document porte une opinion positive, négative ou mixte sur un sujet donné. Elle rapporte une information de plus que la détection d'opinion vue qu'elle classifie ces documents selon leurs types de sentiments. Il existe deux types de classifications : binaire ou multi-classes. La classification binaire définit deux classes : positive et négative. Par contre la classification multi-classes peut définir plusieurs classes telles que : fortement positive, positive, mixte, négative, fortement négative. D'autres difficultés sont rajoutées par cette catégorisation de mots subjectifs et qui sont cités aussi dans la section suivante.

1.4 Les difficultés de la détection d'opinions et de la polarité

La détection automatique d'opinion ou de la polarité est confrontée à plusieurs difficultés dont nous citons quelqu'unes dans ce qui suit.

1.4.1 L'étude de la subjectivité

L'étude de la subjectivité est un domaine très vaste à plusieurs points de vue. Tout d'abord la première question qu'on peut se poser est de savoir si une requête soumise à un moteur de recherche, nécessite la recherche des documents contenant des opinions, ou tout simplement des documents pertinents à la requête. Par exemple pour la requête suivante : quelle est la surface de la France ? Les documents retournés ne nécessitent aucune notion de subjectivité. Tandis que pour le sujet : qu'en pensez vous du nouveau président ?, les documents retournés nécessitent de la subjectivité. Lorsque la requête nécessite des documents subjectifs il est alors important de distinguer les documents subjectifs des documents objectifs. Plusieurs travaux se sont intéressés à cette tâche. Certains abordent cette dernière comme une tâche de classification à deux niveaux (opinion ou non opinion) ou à trois niveaux (positive, négative ou mixte), en utilisant soit des classifications automatiques qui ont comme entrées des documents préalablement annotés [11, 37, 105] ou en utilisant des lexiques contenant des termes subjectifs [36, 60]. Une fois la méthode choisie, la question qu'on se pose est à quel niveau on doit déterminer l'opinion : au niveau du terme [28], au niveau de la phrase [101, 42] ou au niveau des documents [25, 82]. La problématique ne s'arrête pas là. Les documents retournés doivent non seulement être porteurs d'opinions mais répondant à la requête (pertinents). Pour cela certains travaux agencent leur modèle de détection d'opinions avec celui de la pertinence dans un même niveau comme pour les travaux de [28], d'autres distinguent la phase de pertinence de la phase de la détection d'opinions [56].

1.4.2 Contraste entre l'analyse de texte traditionnelle et l'analyse basée sur les sentiments.

Dans la classification traditionnelle, la catégorisation des textes insinue la classification des documents par rapport à la requête. Tandis qu'avec la classification basée sur les sentiments, les classes sont plus nombreuses, et sont reliées entre elles contrairement à une classification traditionnelle. Par exemple dans une classification binaire (positive, négative) la liaison est que les classes s'opposent. Et dans une classification basée sur le degré de sentiment (système d'étoiles), un texte qui est dans la classe de 5 étoiles contient plus d'opinions positives que celui dans une classe à 1 étoile. Ce qui rend la détection d'opinions plus difficile.

1.4.3 Le facteur polarité

La détection de la polarité suscite en plus d'autres problèmes dus à la classification du terme subjectif en lui attribuant une étiquette (positive, négative ou mixte).
L'une des difficultés est que la classification des mots qui expriment des sentiments diffère d'une personne à une autre. (e.g. Je trouve qu' Avatar est un très beau film, tandis que ma soeur le trouve ennuyeux). Dans cet exemple, l'opinion que j'émets sur le film est positive tandis que celle de ma soeur est négative. Une autre difficulté est que l'opinion peut porter sur l'objet ou sur des caractéristiques de l'objet. (e.g. J'ai vu le film Avatar, j'ai trouvé les acteurs excellents, le décor fantastique et la fin du film trop triste). Plusieurs mots d'opinions sont décrits sur différentes caractéristiques. L'auteur porte une opinion positive sur les acteurs et le décor du film mais une opinion négative sur le film. Il est important de noter que le domaine joue un rôle dans la détection de polarité : un même mot peut changer de classe d'un domaine à un autre. (e.g. Un film imprévisible, une caméra imprévisible). Nous remarquons que le même terme «imprévisible» apporte une opinion positive dans le premier cas contrairement au second cas. La phrase subjective peut changer de domaine suivant que l'on considère ou qu'on ne considère pas les liaisons grammaticales (e.g. J'ai vu un film dans une très belle salle). Le mot subjectif «belle» porte sur la salle est non sur le film. Le niveau d'extraction l'uni-gramme ou le n-gramme a des conséquences dans la polarité (e.g. Je n'aime pas ce film). Si l'extraction des sentiments se fait au niveau de l'uni-gramme donc un seul terme sera extrait qui est «aime», la phrase sera donc de connotation positive, tandis que si l'on extrait le n-gramme c'est à dire au niveau de deux termes la phrase aura une connotation négative car l'extraction de la suite de mots sera «n'aime pas». En plus de tous ces problèmes s'ajoute le fait qu'une phrase qui est considérée comme une phrase positive ne veut pas dire qu'elle contient plus de mots positifs que de mots négatifs. (e.g le dernier film de Brad Pitt est trop long, il contient des scènes horribles, avec des acteurs que je déteste, mais j'ai adoré). Cette phrase contient 3 mots subjectifs de polarité négative (trop long, horrible, déteste) et un seul mot subjectif de polarité positive (adoré). Mais la phrase est de polarité positive par rapport au film.

1.4.4 Les difficultés spécifiques à l'extraction d'opinions dans les *blogs*

Choisir les *blogs* comme corpus d'étude est un avantage car c'est une source riche d'opinion. Cependant de nombreux problèmes surgissent lors de l'extraction de mots sentimentaux. Comme nous le savons, le langage qu'utilisent les internautes dans les *blogs* est spécial. La ponctuation et les marques de fin de phrase n'existent pas ce qui rend difficile la distinction linguistique car il n'y a pas de règle à suivre. En plus de cette absence de règles les bloggeurs utilisent des termes qui n'existent pas dans les dictionnaires linguistiques comme par exemple les termes suivants «hahahahhaha», «Goooood» et «suuuuuuuuuuuuuper». Ces derniers expriment d'avantage l'opinion qu'un simple mot subjectif. A cela s'ajoute le fait que certains bloggueurs utilisent des émoticonnes , des images ou des logos pour exprimer leurs opinions sur divers sujets.

1.5 Les ressources subjectives

Les ressources contenant des informations subjectives n'arrêtent pas d'augmenter sur la toile. Plusieurs collections d'opinions ainsi que de lexiques de termes subjectifs sont utilisés par différentes approches, nous citons dans ce qui suit les plus utilisés.

– **Général Inquirer (G.I) :**

est un dictionnaire qui associe des catégories décrivant la subjectivité des mots. Il combine les catégories du contenu d'analyse du dictionnaire "Harvard IV-4" et celles du dictionnaire "Lasswell", ainsi que les cinq catégories des travaux des Gun Semin et Klaur Fiedler [81] sur la cognition sociale, soit un total de 182 catégories. Les mots des catégories suivantes sont utilisés comme indicateurs d'opinion dans un texte : La catégorie émotionnelle (i.e., Pleasure, Pain, Feel, Arousal, Emot, Virtue, and Vice) ; les catégories des pronoms (i.e., Self, Our, and You) ; les catégories des adjectifs (i.e., IPadj (adjectifs relationnels) et IndAdj (adjectifs indépendants)) ; et la catégorie Respect. Toutes ces catégories regroupent des termes d'opinion positive et des termes d'opinion négative, soit 1.915 termes positifs et 2.291 termes négatifs.

– **SentiWordNet (SWN) :**

est une ressource de termes subjectifs. La subjectivité est mesurée selon trois scores $((Obj(w), Pos(w), Neg(w))$ qui représentent respectivement les scores objectif (quand ce score est élevé le terme est objectif et n'exprime donc pas d'opinion), positif (degré de l'opinion positive) ou négatif (degré de l'opinion négative) d'un synset qui représente les différents sens du mot dans SentiWordNet. Ces scores sont dans l'intervalle [0, 1] et leur somme pour un synset est égale à 1. Il est à noter qu'un terme donné peut appartenir à plusieurs synsets de SWN et pourrait avoir différentes valeurs de subjectivité dans les différents synsets. Le nombre total de synsets dans lequel un terme apparaît représente le nombre total de sens pour ce terme. Par exemple le « synset » « Estimable », correspondant au sens « peut être calculé ou estimé » de l'adjectif estimable, a un score objectif de 1.0 et des scores positif et négatif égaux à zéro. Un autre sens pour le même terme est « Digne de respect ou en haute estime », qui a un score positif de 0.75, un score négatif de 0.0 et un score objectif de 0.25. Donc en cherchant la subjectivité d'un terme dans SWN, une façon simple de la mesurer est de prendre la moyenne de subjectivité (positive et négative) des synsets dans lesquels le terme apparaît. En fait, cette approche est assez simpliste, elle ne ne fait aucune désambiguisation des termes.

- **MPQA :**

  La collection MPQA qui signifie «Multi-Perspective Question Answering» (Mpqa)[4] est un corpus subjectif. Il contient 10.657 phrases de 535 documents provenant de 187 sources d'informations étrangères et américaines extraites à partir du mois de juin 2001 jusqu'en Mai 2002. Le corpus a été rassemblé et annoté manuellement en représentant la notion de subjectivité. Tous les documents de la collection sont marqués avec des annotations d'avis selon un niveau d'expression. La plupart des travaux qui utilisent ce corpus [87, 95] adoptent la méthode décrite dans [64] pour obtenir des phrases subjectives du corpus MPQA.

- **IMDB/ROTTEN :** Ce corpus contient des documents subjectifs extraits de « reviews.imdb.com/Reviews » et de «rottentomates» utilisé dans le travail de Bo Pang et Lillan Lee [64]. Ces derniers ont classifié 1000 documents comme documents porteurs d'opinions positives et 1000 autres documents porteurs d'opinions négatives ainsi que 5000 phrases subjectives. Pour déterminer ces classes ils se sont basés sur le système d'annotation par étoile donné par le site Rotten et IMDB. Pour les systèmes d'annotation de 5 étoiles, les documents qui ont 3.5 étoiles et plus sont considérés comme des documents à opinion positive et les documents qui obtiennent une annotation de 2 et moins seront considérés comme des documents porteurs d'opinions négatives. Pour les systèmes d'an-

---

4. http://www.cs.pitt.edu/mpqa/

notation à 4 étoiles, les documents qui ont 3 étoiles et plus sont considérés comme des documents à opinion positive et les documents qui obtiennent une annotation d'une étoile et moins seront considérés comme des documents porteurs d'opinions négatives. Et enfin pour les systèmes alphabétiques, les documents qui ont A et B sont considérés comme des documents à opinion positive et les documents qui obtiennent une annotation de C et D sont considérés comme des documents à opinion négative.

- **CHESLY** :

Ce corpus (Chesley)[5] a été développé par [13], il a été manuellement annoté en documents objectifs et subjectifs. Il contient 496 documents subjectifs et 580 documents objectifs. La collection objective est extraite de sites d'informations internationales (CNN, NPR, etc), des informations provenant des journaux (Atlanta, Constitution, Seattle Post-Intelligencer) et des sites divers concentrés sur des sujets comme la santé, la science, l'activité et la technologie. Tandis que la collection subjective est extraite de la presse (Charles Krauthammer, E. J. Dionne, etc), des lettres au rédacteur (Washington Post, Globe de Boston, etc), des sites de films (dvdverdict.com, rottentomatoes.com, etc) et des *blogs* politiques (Powerline, Huffington Post, etc). Après le rassemblement des corpus de documents, ces derniers ont été manuellement classifiés comme documents objectifs, négatifs ou positifs.

1.6 Les *blogs* comme source d'opinions

Dans notre thèse nous nous sommes intéressés aux *blogs* car ils représentent une source riche d'opinions. Le blog est généralement créé par le blogueur lui-même à travers une plateforme ou d'un logiciel de publication. Souvent des utilisateurs font des commentaires sur des *blogs* et partagent différentes informations (age, genre) [10]. Un blog peut référencer d'autres *blogs* qui constituent sa blogoliste. L'univers des *blogs* est appelé blogosphère et est considéré comme l'un des réseaux sociaux les plus populaires [23].

1.7 Les campagnes d'évaluation de la recherche d'opinions

Plusieurs campagnes d'évaluation ont vu le jour, permettant aux chercheurs de présenter leurs travaux et de les évaluer selon certaines mesures sur des collections test élaborées par ces

---

5. 4http : // www.tc.umn.edu/ches0045/data/

campagnes. Nous présentons ci-dessus les campagnes TREC et NTCIR, ainsi que les mesures d'évaluation utilisées.

1.7.1 TREC Blog Track

1.7.1.1 Définition

Le mot TREC signifie « Text Retrieval Conference » et désigne l'ensemble des conférences organisées par le NIST « National Institute of Standard and Technology » sur la recherche d'information. Plusieurs tâches ont fait l'objet de recherches dans ces conférences, dont le Blog Track qui a été introduit en 2006. Chaque année, de nouvelles tâches dans Blog Track sont définies, telles que :

1. La recherche d'un ensemble de *blogs* pertinents (*baseline adhoc blog post retrieval task*) ;
2. La recherche d'opinions dans les *blogs* (*opinion finding blog post retrieval task*) dont les travaux ont été présentés dans TREC 2006 ;
3. La détection de la polarité (*polarised opinion finding blog post retrieval task*). Cette tâche a été introduite pour la première fois dans TREC 2007 ;
4. La recherche de blog dont le principal intérêt porte sur un sujet (*blog finding distillation task*). Cette tâche a été introduite pour la première fois dans TREC 2007 et traitée aussi dans TREC 2008 ;
5. La recherche de blog dont le principal intérêt porte sur un sujet, et tenant compte de certaines facettes (*Faceted blog distillation task*). Trois facettes ont été spécifiées pour TREC 2009. La première porte sur l'opinion (la valeur de cette facette est égale à « *opinionated* » ou bien à « *factual* »). La deuxième facette porte sur le caractère personnel ou officiel des documents recherchés (la valeur de la facette est « *personal* » ou « *official* »). La troisième facette est égale à « *in depth* » si l'analyse sur le *topic* est importante autrement elle est égale à « *shallow* ». Cette tâche a été aussi proposée dans TREC 2010 ;
6. L'identification des actualités récentes pertinentes à une date donnée (*Top stories identification task*) et sélection des *blogposts* pertinents pour ces actualités. Cette tâche a été introduite dans TREC 2009. Une catégorisation d'informations a été proposée pour TREC 2010 : international, national, politique, sport, technologie, business, science.

1.7.1.2 Collection de test

Une collection de test comporte trois parties [36] : un ensemble de documents, un ensemble de *topics* et les jugements de pertinence « *relevance judgements* ». Le résultat d'une exécution d'un système de recherche exécutant une tâche sur une collection de test est appelé un « *run* ».

1. **Document**

    L'ensemble des documents d'une collection de test doit refléter la réalité : diversité des sujets, des formats et des styles. Dans le Blog Track, deux collections ont été créées par l'université de Glasgow. La première dite « blog06 » collection et a été utilisée dans TREC 2006, 2007 et 2008. C'est un échantillon des *blogs* de la blogosphère. Les documents ont été collectés pendant 11 semaines du 6 décembre 2005 au 21 février 2006. Cette collection est de 148 Go et se compose de 38,6 Go de feed (*blogs*), de 88,8 Go de permalink (un billet de blog simple avec tous les commentaires associés) et 20,8 Go de home page (page d'accueil d'un blog). Le tableau 1.2 résume le contenu de cette collection. La deuxième collection dite « blog08 » [46] a été créée en 2008 et a été utilisée dans TREC 2009. Elle est plus volumineuse que la précédente. Elle a été collectée de janvier 2008 à février 2009. La taille de cette collection est de 2309 Go et contient 808 feeds, 1445 permalink et 56 homes pages. Les documents de ces collections suivent un format bien spécifique. Un exemple de format

TABLE 1.2 – Les caractéristiques de la collection TREC Blog 2006 [63]

Characteristic	Value
Number of Unique Blogs	100,649
RSS	62%
Atom	38%
First Feed Crawl	06/12/2005
Last Feed Crawl	21/02/2006
Number of feed Fetches	753,681
Number of Permalinks	3,215,171
Number of Homepages	324,880
Total Compressed size	25 GB
Total Uncompressed size	148 GB
Feeds (Uncompressed)	38.6 GB
Permalinks (Uncompressed)	88.8 GB
Homepages (Uncompressed)	20.8 GB

d'un document de la collection TREC Blog 2006 est présenté dans la figure 1.7. Chaque document est caractérisé par un unique identifiant appelé DOCNO.

```
<DOC>
<DOCNO>BLOG06-20051206-000-0000000000</DOCNO>
<DATE_XML>2005-11-16T09:47:45+0000</DATE_XML>
<FEEDNO>BLOG06-feed-000001</FEEDNO>
<FEEDURL>http://thinkepi.net/repositorio/feed/#</FEEDURL>
<BLOGHPNO>BLOG06-bloghp-000001</BLOGHPNO>
<BLOGHPURL>http://thinkepi.net/repositorio/#</BLOGHPURL>
<PERMALINK>http://thinkepi.net/repositorio/indice-de-impacto-
de-las-revistas-espanolas-de-biblioteconomia-y-
documentacion/#</PERMALINK>
<DOCHDR>
```

FIGURE 1.7 – Format d'un document de TREC Blog 2006.

2. **Topic**

Un *topic* ou sujet peut être une entité nommée comme un nom d'une personne, un emplacement ou un organisme mais elle peut être un concept comme un type de technologie. Un *topic* est caractérisé par un identifiant (num), un titre, une description (généralement une phrase décrivant la *topic*) et une narration qui décrit l'information que l'individu recherche et qu'il considère comme pertinente. La campagne d'évaluation propose chaque année de nouveaux *topics* : 50 *topics* ont été définis en 2006, 50 autres en 2007 et 50 *topics* en 2008. La table 1.3 illustre un exemple de *topic* de TREC 2006.

TABLE 1.3 – Le format du *topic* de TREC Blog

<top>
<num> Number : 851 </num>
<title> March of the Penguins </num>
<desc> Description :
Provide opinion of the film documentary "March of the Penguins".
</desc>
<narr> Narrative :
Relevant documents should include opinions concerning the film
documentary "March of the Penguins".
Articles or comments about penguins outside
the context of this film documentary are not relevance.
</narr>
</top>

3. **Jugements de pertinence**

Les jugements de pertinence ne peuvent pas être faits manuellement pour deux raisons majeures. La première est que la collection de documents est trop grande et cela prendrait énormément de temps pour juger toute la collection. La deuxième raison est que le jugement est subjectif. Il diffère d'un juge à un autre et aussi pour un même juge à des moments différents. Pour remédier à cela, TREC utilise la technique du *pooling*. Cette dernière consiste à choisir un certain nombre de runs soumis par les participants, ensuite à choisir parmi ces runs les n (généralement $n = 100$) premiers documents en éliminant les doublons. Cet ensemble de documents (appelé «*pool*») est évalué par des assesseurs humains et le résultat nommé « *qrels* » contient la vérité terrain. Le tableau 1.4 représente les notifications qu'attribuent les assesseurs humains lorsqu'ils annotent un document dans le cadre de la tâche de recherche d'opinions.

TABLE 1.4 – Jugement de pertinence de TREC Blog

Label	Annotation	Description
-1	Pas de Jugement	Le label de -1 est donné pour les documents qui n'ont pas été annotés
0	Non Pertinent	Les documents ne sont pas pertinents par rapport au *topic*
1	Pertinent	Les documents sont pertinents par rapport au *topic* mais ne contiennent pas des opinions.
2	Pertinent, opinions négatives	Les documents sont pertinents et contiennent des opinions négatives.
3	Pertinent, opinions positives et négatives	Les documents sont pertinents et contiennent des opinions mixtes.
4	Pertinent, opinions positives	Les documents sont pertinents et expriment des opinions positives.

1.7.1.3 Évaluation de l'efficacité des systèmes de recherche d'opinions dans TREC

Comme mentionné précédemment, la campagne d'évaluation TREC propose chaque année plusieurs tâches. Pour qu'un participant puisse prendre part à une tâche, il doit fournir aux organisateurs de l'évaluation au moins un *run*. Ce dernier représente une liste de documents restitués pour chaque *topic* traité et classés par pertinence décroissante (généralement les 1000 premiers documents). Le *run* soumis sera évalué par rapport aux *qrels*. Cette évaluation est faite par le logiciel TREC_EVAL [6], développé par Chris Buckley à travers des mesures d'évaluation. Nous citons dans ce qui suit les mesures les plus utilisées.

- **Précision et rappel :**
  L'objectif de tous les systèmes de RI est de pouvoir retourner seulement les documents pertinents. On considère $|SE|$ le nombre de documents sélectionnés par le système de RI pour une requête q, P le nombre de documents pertinents dans la collection pour cette requête q et $|PS|$ le nombre des documents pertinents sélectionnés par le système tel que c'est illustré dans la figure 1.8.
  La précision mesure la capacité du système par rapport à son rejet de tous les documents

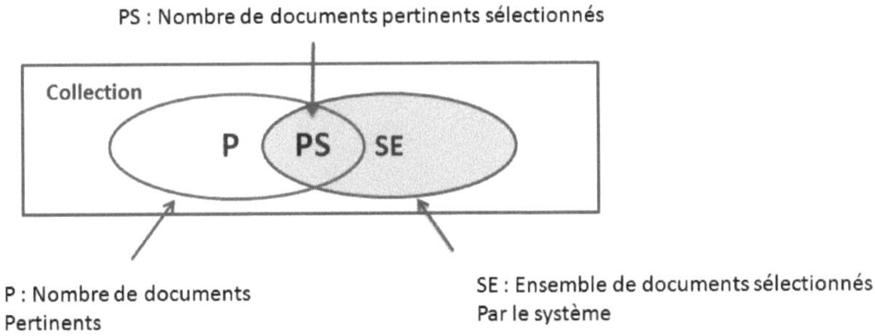

PS : Nombre de documents pertinents sélectionnés

Collection

P   PS   SE

P : Nombre de documents
Pertinents

SE : Ensemble de documents sélectionnés
Par le système

FIGURE 1.8 – Facteurs des mesures : précision et rappel

non pertinents pour une requête. Elle est donnée par le rapport entre P le nombre des documents sélectionnés pertinents et PS le nombre des documents sélectionnés, et est représentée par l'équation 1.7.

$$Précision = \frac{|PS|}{|SE|} \qquad (1.7)$$

Le rappel mesure la capacité du système à retourner tous les documents pertinents pour une requête. Il est donné par le rapport entre le nombre de documents pertinents sélectionnés et le nombre des documents pertinents et est représenté par l'équation 1.8.

---
6. http://trec.nist.gov/trec_eval/

$$Rappel = \frac{|PS|}{|P|} \qquad (1.8)$$

Les deux mesures peuvent être calculées indépendamment l'une de l'autre et peuvent être significatives mais en général, les deux valeurs sont conjointement calculées pour les i premiers documents dans la liste des réponses du système. Les deux mesures évoluent

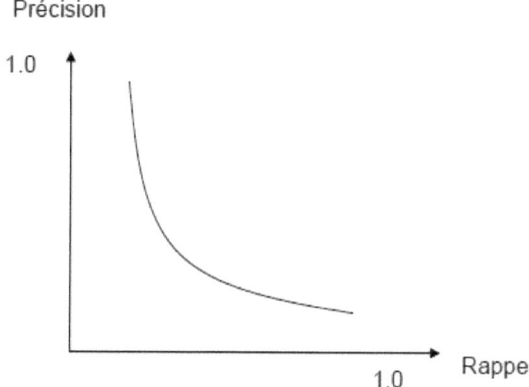

FIGURE 1.9 – La courbe rappel et précision

en sens inverse tel que montré dans la figure 1.9. Si on augmente le rappel c'est à dire qu'on retourne plus de documents pertinents alors on diminue forcement la précision en retrouvant ainsi plus de documents non pertinents. Le comportement d'un système peut varier d'une métrique à une autre.
- **La précision à X document :**
Cette mesure permet de déterminer la proportion des documents pertinents retrouvés parmi les X premiers documents retournés par le système.
- **La précision moyenne (Mean Average Precision-MAP) :**
c'est la moyenne des précisions moyennes (Average precision-AP) obtenues sur l'ensemble des requêtes à chaque fois qu'un document pertinent est retourné. Elle est exprimée par

l'équation 1.9.

$$MAP = \frac{\sum_{q \in Q} AP_q}{|Q|} \qquad (1.9)$$

Où AP_q est la précision moyenne d'une requête q, Q l'ensemble de requêtes et $|Q|$ le nombre de requêtes.

1.7.2 NTCIR

L'Institut National en Informatique (NII) du Japon organise chaque année le workshop NTCIR (NII Test Collection for Information Retrieval System) dans le domaine de la recherche d'information. La tâche de l'analyse d'opinions a été l'objet d'étude de NTCIR-6 [20] et NTCIR-7 [44] et NTCIR-8. La détection d'opinion se fait au niveau des phrases et au niveau des mots. Quatre sous-tâches ont été définies dans NTCIR-6 :

– savoir si une phrase contient une opinion ou pas (opinionated sentence judgement) ;
– extraire le nom de la personne ou de l'entité qui émet l'opinion (opinion holder extraction) ;
– savoir si une phrase est pertinente ou non pour un *topic* (relevance sentence judgement) ;
– détecter la polarité.

Une cinquième sous-tâche a été ajoutée dans NTCIR-7 et qui consiste à extraire la cible sur laquelle porte l'opinion.

1.7.2.1 La collection de test

La collection de NTCIR-6 est multilingue (chinois traditionnel, japonais et anglais). Elle a été récoltée entre 1998 et 2001. Les documents en japonais ont été pris à partir de journaux japonais tels que Yomiuri et Nainichi, et sont au nombre de 490 et composés de 15279 phrases. Les documents en chinois ont été pris à partir de journaux chinois tels que China Times, United Daily News etc, et sont au nombre de 843 et composés de 11907 phrases. Tandis que les documents en anglais, ils ont été pris des journaux tels que Mainichi Daily News, Korea Times, etc. Ces documents sont au nombre de 439 et sont composés de 8528 phrases. La collection de NTCIR-7 [44] a considéré une quatrième langue qui est le chinois simplifié, et la collection a été enrichie par d'autres documents. Un *topic* est constitué d'un numéro, d'un titre, d'une description, d'une narration et d'un champ précisant la pertinence. Dans NTCIR-6, trente-deux *topics* ont été définis pour le chinois, trente pour le japonais et vingt-huit pour l'anglais, tandis que dans

NTCIR-7, vingt-deux *topics* ont été définis pour le japonais, dix sept pour l'anglais, dix-sept pour le chinois traditionnel et seize pour le chinois simplifié.

1.7.2.2 Jugements de pertinence

Les jugements de pertinence ont été faits manuellement. Pour le chinois, sept annotateurs ont été désignés et chaque document est jugé par 3 annotateurs. Trois annotateurs ont jugé tous les documents japonais et trois autres les documents en anglais. Dans NTCIR-7, le nombre d'annotateurs a augmenté.

1.7.3 Conclusion

Dans ce chapitre, nous avons défini ce qu'est la détection d'opinions, le processus de son fonctionnement ainsi que les différentes difficultés auxquelles elle est assujettie. Nous nous sommes intéressés aux *blogs* qui sont une source riche d'opinions et de ce fait avons présenté les principales campagnes d'évaluation qui se sont intéressées aux *blogs* et à la tâche de la détection d'opinions. Nous avons insisté sur la campagne TREC du fait qu'elle est la référence en matière d'évaluation des systèmes de recherche d'information et de détection d'opinion et à laquelle participe un grand nombre de chercheurs.

Chapitre 2

Détection d'opinions : État de l'art

2.1 Introduction

Dans ce chapitre nous présentons dans un premier temps les différentes approches de la détection d'opinions. Ces approches se divisent en deux classes : celles qui exploitent des lexiques d'opinions [36, 31, 83] et celles qui se basent sur l'apprentissage automatique [93, 45]. Les approches basées sur le lexique utilisent des listes (voire dictionnaires, thésaurus) de mots subjectifs (mots exprimant une opinion). Si un document comporte des mots subjectifs alors il est considéré comme un document de type opinion. Les approches basées sur l'apprentissage automatique utilisent différents types de classifieurs tels que SVM (Machine à Vecteur de Support), "Naïve Bayes" ou d'autres entraînés sur des corpus de mots, de phrases ou de documents, annotés comme étant subjectifs. Nous nous intéressons ensuite dans ce chapitre à la tâche de la détection de la polarité, qui est une sous tâche de la détection d'opinions et qui consiste à déterminer si un document porte une opinion positive, négative ou mixte sur un sujet. Nous présentons les travaux les plus importants dans le domaine. Nous exposons ensuite quelques limites de ces approches.

2.2 Approches sur la détection d'opinions

2.2.1 Approches Lexicales

Ces approches utilisent un lexique de mots exprimant une opinion. Ce lexique est soit externe c'est-à-dire construit indépendamment de tout corpus et est nommé ressource externe (tels que SentiWordNet [86], General Inquirer [87], Wilson lexicon [96]), soit interne c'est-à-dire généré à partir du corpus étudié (les mots qui contiennent une opinion sont extraits directement du corpus) et est nommé ressource interne . À chaque mot du lexique qu'il soit interne ou externe est associé un score d'opinion. Ce score est traité différemment par les différentes approches pour le calcul du score d'opinion d'un document. La méthode la plus simple est de donner à un document un score d'opinion égal au nombre total de mots qui contiennent une opinion présents dans le document ce qui se résume à une fréquence des termes au niveau du document. L'autre possibilité consiste à considérer la similarité entre les documents opinions et non opinions pour le calcul de leur score de subjectivité. Nous présentons dans ce qui suit quelques travaux qui utilisent ces deux ressources internes et externes.

2.2.1.1 Travaux utilisant des ressources internes

Pour déterminer l'opinion dans les documents ces travaux utilisent des ressources internes, plus précisément ils utilisent la collection étudiée pour extraire leurs termes à opinions. Ils procèdent de la manière suivante : dans un premier temps la collection est filtrée en supprimant les termes les plus fréquents et les moins fréquents, car ils partent du fait que ces termes ne sont pas représentatifs du document. Soient ils sont vides comme par exemple « and , the, at, etc », soient ceux sont des erreurs de frappe. Dans un deuxième temps une pondération des termes non supprimés est faite selon différentes techniques. La différence entre les travaux de cette classe se trouve au niveau de l'utilisation de cette liste de termes subjectifs obtenue. Nous exposons brièvement quelques uns de ces travaux.

Ben He et al. [36] s'intéressent à la collection de TREC Blog 2006 et extraient un lexique de termes dont nous présentons un échantillon dans la figure 2.1. Ces termes sont pondérés

Bush	movie	film	point
war	president	media	long
talk	nation	maked	give
watch	sure	white	let
Iraq	man	big	doesn't

FIGURE 2.1 – Une partie du lexique extrait de TREC Blog 2006 selon [36]

selon la divergence de leurs distributions dans les documents pertinents et porteurs d'opinion. Cette pondération est calculée avec un modèle assignant pour chaque terme t à opinion un poids $w_{opn}(t)$. (voir équation 2.1 et 2.2).

$$w_{opn}(t) = tf_x . log_2 \frac{1+\gamma}{\gamma} + log_2(1+\gamma) \qquad (2.1)$$

Où tf_x est la fréquence du terme t dans les documents à opinion et γ est la moyenne de la distribution de la loi de Poisson du terme t dans les documents pertinents et est calculée comme suit :

$$\gamma = \frac{tf_{per}}{N_{per}} \quad (2.2)$$

Où tf_{per} est la fréquence du terme t dans les documents pertinents et N_{per} est le nombre des documents pertinents. Une fois que la pondération des termes est faite, les X premiers termes sont sélectionnés selon l'ordre décroissant de la pondération $w_{opn}(t)$ et seront considérés comme des termes subjectifs. Une extension de requête est faite pour le calcul du score d'opinion d'un document, c'est à dire que les termes sélectionnés subjectifs sont rajoutés aux termes de la requête et seront attribués à un système de pertinence InLB [39] qui retournera le score d'opinion de chaque document. Une combinaison logarithmique est faite entre le score d'opinion (obtenu par l'extension de requête) et le score de pertinence obtenu sans extension de requête.

Giambattista Amati et al. [31] combinent un lexique interne et un lexique externe. Ce dernier est pris du travail de Ellen Rillof, Janyce Wiebe et Theresa Wilson [72, 97] (que nous nommons SCD), tandis que le lexique interne est construit selon les trois étapes suivantes.

1. Les termes qui ont un score de divergence $OE(t)$ élevé entre leurs fréquences dans les documents opinions et pertinents (soit p_0) avec celles des termes des documents pertinents (soit p_r) sont sélectionnés (voir l'équation 2.3) et constituent la collection nommée $CondV$.

$$OE(t) = -log_2 Prob(p_0|p_r) \sim KL(p_0||p_r) \quad (2.3)$$

2. Les termes de $CondV$ sont ensuite filtrés selon le score $AOE(t)$ et seuls les termes qui obtiennent un faible score sont sélectionnés et constituent le lexique de termes subjectifs $OpinV$. Sachant que $AOE(t)$ est un score de divergence entre la fréquence des termes dans la collection O (documents opinions) (soit p_0) et celle des termes dans la collection des documents pertinents et opinions (soit p_d). Ce score est exprimé par l'équation 2.4.

$$AOE(t) = -\frac{1}{|O|} \sum_{d \in O} log_2 Prob(p_d|p_o) \quad (2.4)$$

Une fois le lexique des termes subjectifs $OpinV$ construit, une intersection avec le lexique externe SCD est faite. Une partie de cette liste finale est représentée dans la figure 2.2.

am	0,0893	just	0,0672	people	0,1094	view	0,0139
archive	0,0368	know	0,0514	pm	0,1185	wai	0,0303
back	0,0113	last	0,0161	post	0,0326	want	0,0395
call	0,0253	left	0,0104	read	0,0293	well	0,0187
can	0,0353	like	0,0782	right	0,0530	who	0,1261
come	0,0193	link	0,0341	sai	0,1124	will	0,0070
comment	0,0056	look	0,0157	see	0,0350	work	0,0031
dai	0,0247	mai	0,0023	show	0,0229	world	0,0286
don	0,0640	mean	0,0110	state	0,0049		
first	0,0057	need	0,0101	think	0,0748		
help	0,0013	now	0,0289	time	0,0407		

FIGURE 2.2 – Une partie du lexique *Opin* des termes subjectifs [31]

Le score d'opinion de tout le document est calculé selon l'équation 2.5.

$$opinion\_score(d||q) = \frac{opinion\_score(d||Opin)}{content\_rank(d||q)} \quad (2.5)$$

Où *Opin* représente la liste des termes subjectifs obtenu par l'intersection de *SCD* et *OpinV*.
$opinion\_score(d||Opin) = opinion_{DPH}(d||Opin)$ et
$content\_rank(d||q)$ est égale au rang des documents obtenus par
$content\_score(d||q) = score_{DPH}(d||q)$.

Shima Gerani et al. [83], adoptent la même approche que Giambattista Amati et al. [31] pour générer et filtrer les termes subjectifs. La différence est qu'ils n'utilisent pas de ressources externes, ils génèrent donc leur propre lexique extrait directement de la collection utilisée. Chaque terme t est pondéré selon sa divergence dans l'ensemble des documents pertinents à opinion (l'ensemble O) avec l'ensemble des documents pertinents (l'ensemble R).
La pondération du terme t est calculée selon deux différents scores : *Likelihood Ratio (LR)* et *Weighted Log-Likelihood Ratio (WLLR)* représentés dans ce qui suit :

$$Opinion_{LR}(t) = \frac{p(t|O)}{p(t|R)} \quad (2.6)$$

$$Opinion_{WLLR}(t) = p(t|O).log\frac{p(t|O)}{p(t|R)} \quad (2.7)$$

Où $p(t|O)$ est

$$p(t|O) = \frac{\sum_{d \in O} c(t,d)}{\sum_{d \in O} |d|} \quad (2.8)$$

et $p(t|R)$ est donné par l'équation suivante :

$$p(t|R) = \frac{\sum_{d \epsilon R} c(t,d)}{\sum_{d \epsilon R} |d|} \quad (2.9)$$

Où $c(t,d)$ représente le nombre d'occurrences du terme t dans le document d et $|d|$ est le nombre total des termes du document. Pour le calcul du score d'opinion du document, une moyenne de score d'opinion pour chaque terme du document est calculée selon l'équation 2.10.

$$Opinion_{avg}(d) = \sum_{t \epsilon d} Opinion(t).p(t|d) \quad (2.10)$$

Où $Opinion_{avg}(d)$ est le score d'opinion pour le document d.
$Opinion(t)$ est le score d'opinion du terme t donné par $Opinion_{WLLR}(t)$ ou par $Opinion_{LR}(t)$ et
$p(t|d) = c(t,d)/|d|$ est la fréquence des termes t dans le document d.

2.2.1.2 Travaux exploitant des ressources externes

Ils existent plusieurs travaux qui ont utilisé des lexiques externes pour retourner les documents pertinents porteurs d'opinions. La plupart de ces travaux combinent plusieurs ressources subjectives. Nous pouvons citer les travaux de Min Zhang et al. [105] qui utilisent notamment les lexiques Genéral Inquirieur et SentiWordNet ainsi que d'autres ressources moins connues telles que HowNet, Wodnet, Intersection et Union. Ils ont unifié le score d'opinion avec le score de pertinence ainsi pour une requête donnée, ils ont calculé la probabilité que le document soit généré par un ensemble de mots subjectifs. Cette probabilité est représentée par l'équation 2.11.

$$p(d|q,s) = I_{op}(d,q,s).I_{rel}(d,q) \quad (2.11)$$

Où $I_{op}(d,q,s)$ est le score d'opinion du document et $I_{rel}(d,q)$ son score de pertinence. Le score d'opinion est calculé pour chaque terme subjectif (s_i) de l'ensemble S selon l'équation suivante, sachant que S est l'ensemble des ressources externes utilisées.

$$I_{op}(d,q,s) = \frac{1}{|S|} \sum_i p(s_i|d,q) \quad (2.12)$$

D'autres travaux comme ceux de Yeha Lee et al. [101] se basent sur le lexique SentiWordNet et sur les revues du site Amazon pour extraire les termes à opinion. Une première pondération des termes selon le lexique SentiwordNet est calculée pour chaque terme du document appartenant à SWN selon la formule suivante.

$$P(Sub|w) = max_{sesynset(w)}(max(P(pos|s), P(neg|s))) \qquad (2.13)$$

Où $P(pos|s)$ et $P(neg|s)$ sont respectivement : le score positif du synset du terme w et le score négatif. Le score final de subjectivité $P(Sub|w)$ du terme w est alors représenté par le maximum des deux scores. Pour le calcul de la deuxième pondération des termes, les revues du site Amazon sont divisées en deux collections. La première concerne les spécificités des produits tels que : les informations, les propriétés, le nom du produit, et elle est considérée comme une collection objective. La deuxième concerne tous les commentaires des reviewers sur les produits et elle est considérée comme une collection subjective. La pondération des termes du document est calculée selon la probabilité de son appartenance à la collection subjective et à la collection objective comme présenté dans l'équation 2.14.

$$P(Col|w) = \lambda P(w|Sub) + (1 - \lambda) P(w|Obj) \qquad (2.14)$$

Où $P(w|Sub)$ est la probabilité que le terme w soit dans la collection subjective et $P(w|Obj)$ est sa probabilité qu'il soit dans la collection Objective. Une combinaison linéaire $P(OP|w)$ entre le score selon le lexique SentiWordNet ($P(Sub|w)$) et celui qui prend en compte les reviews du site Amazon ($P(Col|w)$) est ensuite calculée pour chaque terme w.

Le score subjectif final ($ScoreOP(D)$) est calculé pour le document d selon l'équation 2.15.

$$ScoreOP(D) = \sum_{I=1}^{n} P(OP|w) \qquad (2.15)$$

Dans la même optique, Xuanjing Huang et Bruce Croft [38] regroupent différentes ressources tels que Général Inquier, Opinion Finder, MPQA et les *blogs* de la collection de TREC 2006 qui ont été annotés manuellement en tant que subjectifs *qrels*. Ils proposent un modèle unifié qui fusionne la pertinence et l'opinion d'un document. Le score de réordonnancement des documents est calculé en estimant la divergence entre la distribution de la probabilité que le document soit pertinent et opinion avec la distribution de probabilité du modèle du document (voir équation 2.16).

$$Score(D) = \sum_{w \in V} P(w|R) log P(w|D) \qquad (2.16)$$

Où $P(w|D)$ est le score de pertinence obtenu par un modèle de lissage de Dirichlet [103] et $P(w|R)$ est le score d'opinion qui se base sur une extension de la requête. Ce dernier a été calculé par différentes méthodes afin de déterminer celle qui donne le meilleur résultat.

2.2.2 Approches par apprentissage automatique

Certaines des approches les plus populaires de la détection d'opinions se basent sur des méthodes d'apprentissage automatique, elles considèrent donc la tâche de classification de sentiments comme une catégorisation de textes où ces derniers sont classifiés dans une des catégories prédéfinies utilisant des informations (nommées caractéristiques en français et features en anglais) pour entrainer les textes. Dans la tâche de catégorisation de textes, des méthodes d'apprentissage automatique diverses ont été appliquées et ont prouvé leurs succès [79]. Les mêmes méthodes ont été appliquées à la classification de sentiment par beaucoup de chercheurs [65, 34, 13]. Nous exposons succinctement dans ce qui suit les principaux classifieurs utilisés dans la détection d'opinions ainsi que les caractéristiques les plus utilisées pour déterminer les documents porteurs d'opinion. Nous exposons ensuite quelques travaux de cette catégorie.

2.2.2.1 Les classifieurs utilisés

1. *Naive Bayésien* [102] : est une approche probabiliste qui utilise une règle de Bayes où les probabilités sont fonction des mots contenus dans les documents. Ce classifieur a été utilisé dans le domaine de la détection d'opinions [70].

2. *SVM (support vectorielle machine)* [12] : repose sur la notion d'hyperplan séparateur et de marge maximale. Un hyperplan séparateur entre deux ensembles de points (ensemble de documents subjectifs et ensemble de documents objectifs) est la frontière entre ces deux ensembles. La marge représente la distance entre les points (vecteurs de support) et l'hyperplan.

3. *Régression Logistique* : est une méthode statique permettant de produire un modèle pour décrire des relations entre une variable catégorielle et un ensemble de variables de prédic-

tion. Cette méthode de classification a été mise en oeuvre dans le cadre de nombreuses applications : en médecine [14, 32], en économie [4, 21], dans les sciences sociales et de la législation [94], [85]. Elle donne de bons résultats, cependant, elle a été très peu utilisée dans le cadre de la classification d'une manière générale et dans la détection d'opinions en particulier [26].

2.2.2.2 Les caractéristiques

Les méthodes d'apprentissage se différencient par la technique d'apprentissage utilisée et par les caractéristiques considérées. Les caractéristiques les plus utilisées sont :

1. Le nombre de mots subjectifs dans le document d.
2. Le nombre d'adjectifs, de noms et d'adverbes dans le document d.
3. Le nombre de termes de la collection subjective utilisés dans le document d.
4. Le nombre de mots positifs et négatifs dans le document d.
5. Le nombre de phrases subjectives dans le document d.
6. La proximité des termes subjectifs qui entourent la requête.
7. La somme des scores attribués par le classifieur pour les phrases du document d qui sont classifiées pertinentes et porteuses d'opinion négative.
8. La somme des scores attribués par le classifieur pour les phrases du document d qui sont classifiées pertinentes et porteuses d'opinion positive.
9. La moyenne du score attribué par le classifieur pour les phrases du document d qui sont classifiées pertinentes avec une opinion négative.
10. La moyenne du score attribué par le classifieur pour les phrases du document d qui sont classifiées pertinentes avec une opinion positive.
11. Le rapport du nombre de phrases retournées pertinentes avec une polarité positive sur le nombre de phrases classifiées pertinentes avec une polarité positive dans le document d.
12. Le rapport de la somme du score de phrases retournées pertinentes avec une polarité positive sur le nombre de phrases classifiées pertinentes avec une polarité positive dans le document d.

2.2.2.3 Les travaux qui utilisent l'apprentissage automatique

La plupart des travaux utilisent différentes ressources subjectives pour entrainer leur classifieur. Hui Yang et al. [2] utilisent cinq différents lexiques subjectifs. Le premier lexique est issu d'une collection de films. Il a été élaboré par Bo Pang et al. [65] et comporte 5000 phrases subjectives et 5000 phrases objectives. La deuxième ressource est extraite des commentaires postés par les reviewers du site Amazon sur 5 produits électroniques tels que l'appareil photo, DVD et juke-boxes, elle contient 2041 phrases positives et 2217 phrases négatives. La troisième ressource utilisée est extraite manuellement de la collection de TREC Blog, et se compose de 1201 phrases positives et 1240 phrase négatives. Ces ressources ont été filtrées manuellement. Le tableau de la figure 2.3 résume les termes utilisés.

Positifs Verbes	Négatifs Verbes	Positifs Adjectifs	Négatifs Adjectifs
Love Like	Hate Dislike	Good, best better, happy exraordinary succesful, glad, desirable, worthy, remarkable, funny, loveley, entertaining, decent, beautiful, fascinating, brilliant, gorgeous, perfect, nice, fantastic, impressive, fabulous, amazing, desirable, excellent, great, awesome, splendid, distinctive	Bad, awful suck, worse, worst, poor, annoying, stupid

FIGURE 2.3 – Les termes subjectifs selon [2]

Le classifieur Logique Régression est utilisé en se basant sur des caractéristiques telles que : le nombre d'adjectifs, la fréquence des termes subjectifs, l'unigram, le bigram et le trigram sur la collection de TREC Blog 2006.

De la même manière Ethan Zhang et al.[104] utilisent différentes ressources externes telles que (Yahoo !, Movie Reviews, Epinion Digital Camera reviews et Reuters newswire) et entrainent le classifieur logique regression en utilisant des caractéristiques telles que : les Bigrams et trigrams extraits de ces ressources. Les auteurs dans [93] entraînent un classifieur (SVM) en fonction de la longueur du document, du nombre de mots positifs, négatifs et objectifs, de la proportion des ratios suivants : des termes positifs sur la totalité des termes du document, des termes négatifs sur la totalité des termes du document et des termes objectifs sur la totalité des termes du document.

D'autres travaux prennent en compte les relations grammaticales entre les différents termes du document. Kazuhiro Seki et al. [80] partent du fait que la subjectivité ne peut pas être mesurée que si elle est analysée au niveau de son contexte, par exemple un mot qui est considéré comme subjectif comme « like » lorsqu'il est mis dans une phrase peut ne plus exprimer de sentiment comme le montre cette phrase « It looks like a cat ». Les auteurs ont utilisé plusieurs modèle de trigger pour extraire automatiquement les séquences de mots subjectifs provenant de la collection de amazon.com, Ils ont introduit un modèle de langue qui interpole les séquences de mots (suite de mots) subjectives retournées avec la probabilité que cette séquence soit dans les documents pertinents. D'autres travaux étudient le rôle de l'approche d'apprentissage automatique dans la détection d'opinions, comme ceux de Shima Gerani et al. [83] où le score d'opinion est calculé selon deux façons ; une qui se base sur la moyenne des fréquences des termes et une autre qui se base sur un apprentissage automatique. La combinaison entre le score de pertinence et le score d'opinion est faite de différentes sortes. Les résultats montrent que l'approche qui combine ces deux scores en se basant sur l'apprentissage donne de meilleurs résultats que celle qui se base sur la moyenne des fréquences.

D'autres travaux classifient les caractéristiques en deux catégories : celle qui utilise des caractéristiques qui dépendent du sujet c'est à dire qu'elles prennent en compte la pertinence et l'opinion dans la phase d'apprentissage, comme dans le travail de Kazuhiro Seki et al. [43] qui attribue au classifieur SVM les *qrels* de TREC 2006 dont 8.280 documents sont manuellement annotés en tant que pertinents et porteurs d'opinion. Et la deuxième catégorie est celle qui utilisent des caractéristiques indépendantes du sujet, qui ne prennent pas donc en compte la pertinence dans la phase d'apprentissage comme dans le travail de [27].

Des études ont été faites pour déterminer le classifieur le plus performant pour la tâche de la détection d'opinions. Nous pouvons citer celui de Bo Pang et al. [65] qui se sont intéressés à la collection de films (IMDb) et ont testé plusieurs classifieurs tels que Naives Bayes, Entropie Maximale et Machine à Vecteurs de Support et ont montré que ce dernier est le plus performant. Cette conclusion a été aussi confirmée par les travaux de Paula Chesley [13], ainsi que par ceux de Jianqiang Wang et al. [93] pour des corpus bien déterminés en ayant utilisé des caractéristiques différentes. Toujours est il que nous pouvons conclure que la performance des résultats dépend du type du classifeur utilisé et aussi des caractéristiques considérées.

2.3 Détection de la polarité : les différentes approches

La détection de polarité est une sous tache de la détection d'opinions, elle permet de déterminer si un document porte une opinion positive, négative ou mixte sur un sujet donné. Elle apporte une information de plus que la détection d'opinions vue qu'elle classifie ces documents selon leur type de sentiments.

Certains travaux se sont intéressés à étudier le rôle du n-gramme dans la classification du document, ils partent du fait que la position du terme subjectif dans le document joue un rôle dans la polarité du document. Bo Pang et Lillian Lee [64] montrent que lors du classement des critiques des films par polarité l'utilisation d'une méthode qui se base sur les unigrammes est meilleure que celle qui se base sur les bi-grammes. Par contre d'autres travaux comme ceux de Kushal Dave et al. [19] montrent que dans certains cas, l'utilisation des bi-grammes et des tri-grammes donnent de meilleurs résultats.

D'autres travaux se sont plutôt orientés vers l'importance des adjectifs dans la polarité d'un document. Cette orientation à été tout d'abord utilisée par les méthodes qui déterminent l'opinion d'un document, et qui ont révélé une forte corrélation entre la présence d'adjectifs dans les phrases subjectives [35]. De ce fait certains travaux l'ont utilisé dans le domaine de la polarité, comme celui de Peter Turney [89] qui a déterminé les adjectifs dans différentes sources d'opinion (automobile, banque, critique cinématographique) et a prouvé que les adjectifs sont de bons prédicateurs d'opinions.

D'autres travaux proposent d'abord de déterminer les documents (ou phrases) subjectives, ensuite de déterminer leurs polarités. Bo Pang et Lillian Lee [64] ont procédé de cette façon et ont utilisé le même classifieur pour déterminer les documents à opinion et ensuite leur polarité.

D'autres travaux procèdent autrement, ils utilisent les résultats d'un classifieur pour les redonner à un autre classifieur afin de mieux détecter les phrases ou les documents subjectifs. Ellen Riloff et Janyce Wiebe [72] ont utilisé deux classifieurs, dans un premier temps le classifieur retourne des phrases annotées, celles-ci sont redonnées au classifieur en ajoutant des mots uniques, des n-grammes ou des unités lexicales manuellement retrouvés et qui reflètent un sens subjectif. L'opération est répétée plusieurs fois jusqu'à obtention de bons résultats.

Peu de travaux se sont intéressés au traitement de la négation comme caractéristique pour déterminer la polarité, un simple lemme et la polarité d'un terme peut changer comme nous le montre la phrase suivante : «je n'aime pas ce film». Les auteurs Sanjiv Das et Mike Chen [18] proposent de rajouter une étiquette «NON» aux mots qui se trouvent prés de la négation, dans l'exemple précédent cela donnera «aimer-NON». Le problème avec ce travail est que la négation n'insinue pas forcement un avis négatif, comme par exemple dans la phrase : «ce n'est pas étonnant que ce film rapporte un succès phénoménal». Les auteurs Jin-Cheon Na et al. [59] ont résolu ce type de problème d'une part en intégrant une plus solide décomposition de phrase c'est-à-dire qu'ils comptent d'une part le nombre d'occurrences de termes négatifs dans une phrase et d'autre part ils font un traitement spécifique pour les termes qui n'ont pas été étiquetés comme mots de négation. Ainsi ils classifient la phrase entière comme étant une phrase négative, et non uniquement le mot séparé.

2.4 Récapitulatif des approches

Nous résumons dans le tableau suivant les différents travaux de la détection d'opinions et de polarité. Nous y décrivons le type d'approche utilisée (apprentissage automatique ou lexique). Concernant les méthodes qui se basent sur le lexique, nous les divisons en deux selon qu'elles utilisent un lexique interne ou externe. Concernant les méthodes qui se basent sur l'apprentissage automatique nous les divisons aussi en deux, selon qu'elles se basent sur des caractéristiques dépendantes ou indépendantes du *topic*, nous mentionnons également le type de classifieur utilisé. Nous indiquons aussi si les travaux cités ont étudié la polarité du document ou non.

Auteurs Approches	Apprentissage						Lexique			Polarité
	Dép.	Indép.	Classifieur					Externe		
			SVM	NB	RL	Interne	Collection	Lexique		
Gilad Mishne [52]		✓	✓				blogposte.com	GI		
Rui Song et al. [84]	✓				✓		Film.Yahoo, Epionion	SWN		
Hui Yang et al. [2]	✓		✓			2000 sub. terms				✓
Koji Eguchi et C.Shah [24]		✓	✓	Cross Ent.				Op.Finder		✓
Rahman Mukcas et al.[58]		✓	✓			✓				✓
Guang Zhou et al. [106]	✓		✓			✓				✓
Olga Vechtomova [91]	✓							liste Hatziwasilaglou		✓
Anil Robin et al. [73]	✓					qrels	IMDb, Rotten	Wilson		✓
Kiduk Yang [98]	✓						Wikipédia, IMBd	Wilson		✓
Yeha Lee et al. [101]	✓		✓					GI, Wilson, WN		✓
Macdonald Craig et al.[47]	✓				✓			GI		
Ethan Zhang et al. [104]	✓			✓		commentaires				
Kiduk Yang et al. [99]	✓					Blogs				
Clark Malcolm et al.[48]	✓					Films				
Ellen Voorhees et al. [92]		✓				Wikipédia, FeedBack				
Douglas Ourd et al. [22]		✓	✓			✓				

2.5 Les limites des approches

Les principaux travaux liés à la tâche de la détection d'opinions que nous avons présentés donnent de bons résultats mais présentent quelques limites dont nous citons quelques unes qui sont dues à la catégorie de l'approche.

La limite des approches lexicales réside principalement dans leur dépendance au lexique utilisé. En effet, si le lexique est interne (extrait de la collection étudiée), il déterminera mieux les mots subjectifs mais sera spécifique à cette collection. Si le lexique est externe, il sera plus général mais moins approprié à la collection étudiée. De plus ces lexiques peuvent ne pas être disponibles ou non appropriés au langage utilisé dans les documents que l'on recherche. La limite des approches d'apprentissage automatique réside sur le choix des caractéristiques utilisées pour déterminer les documents à opinion. Si ces dernières sont bien choisies (appropriées aux documents à opinion) cela donnera de bonne performance au niveau de la détermination des documents à opinion. Si ce n'est pas le cas, cela se répercutera sur les résultats des performances au niveau de l'opinion.

Les approches de la détection de la polarité d'un document se basent principalement sur la détermination de la polarité des termes subjectifs du document, Or certains facteurs peuvent influer sur la polarité d'un terme tel que le domaine du sujet. On peut citer comme exemple le terme « imprévisible » qui a une polarité positive s'il est employé dans le domaine des films, tandis qu'il a une polarité négative s'il est employé dans le domaine des appareils photo. .

2.6 Conclusion

Dans ce chapitre, nous avons présenté les différentes approches liées à la tâche de la détection d'opinions ainsi qu'à la détection de la polarité. Nous avons résumé quelques travaux dans ce domaine en distinguant le type d'approche utilisé. Nous terminons ce chapitre par les différentes limites des approches citées qui ont suscité notre intérêt, et pour lesquelles nous apportons quelques solutions à travers nos contributions dans ce travail de thèse.

Chapitre 3

Modèles de langue pour la détection d'opinions

3.1 Introduction

Les approches présentées dans le chapitre précédent dépendent totalement des lexiques et/ou de la collection d'apprentissage utilisés. Ces derniers peuvent ne pas être disponibles ou peuvent ne pas être appropriés au langage utilisé dans les documents que l'on recherche. Afin de remédier à ces limites, ainsi au lieu d'exploiter des ressources préalablement préparées pour la tâche, nous proposons une approche qui exploite des sources d'informations externes disponibles, ouvertes, comportant effectivement des informations subjectives (des opinions). Plus précisément, nous supposons que si un document est similaire aux documents de la source d'opinions, il est vraisemblablement porteur d'opinions. Pour estimer cette vraisemblance, nous proposons de modéliser le document à tester et la source d'opinions (nommée référence) par des modèles de langue, et de mesurer la similarité des deux modèles. Plus cette similarité est forte et plus le document est vraisemblablement subjectif.

Nous proposons différents modèles pour le document et la source d'opinion ainsi que plusieurs mesures de la similarité. Afin de déterminer ceux qui améliorent au mieux la détection d'opinions, nous menons plusieurs expérimentations sur la collection TREC Blog Track 2006 en tant que collection d'analyse et sur une source d'opinions composée de diverses ressources subjectives.

3.2 Approche proposée pour la détection d'opinions basée sur les modèles de langue

Nous considérons qu'un document est porteur d'opinion s'il est généré par un modèle de langue qui génère des documents de type opinion (voir figure 3.1).

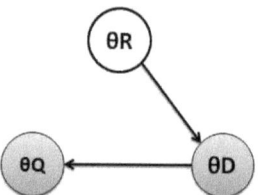

FIGURE 3.1 – Modèle de langue où θD représente le modèle du document D porteur d'opinion, θQ représente le modèle de la requête Q et θR représente le modèle de la collection de référence R.

Pour construire ce modèle de langue de type opinion, nous nous appuyons sur une collection de référence comportant des documents d'opinions. Nous estimons le modèle d'opinion à partir de ces documents. De même pour le document à analyser nous le modélisons également sous forme d'un modèle de langue. En effet, pour évaluer le degré de subjectivité (la présence d'opinions dans le document) nous mesurons la similarité entre les deux modèles. Nous décrivons dans la figure 3.2 les étapes de l'approche lexicale proposée.

1. *Étape 1 : La pertinence par rapport au sujet*

    Comme cela a été déjà mentionné en détail dans le chapitre 1, le processus de la détection d'opinions doit retourner des documents contenant des opinions qui sont aussi pertinents à la requête donnée. Dans ce chapitre nous travaillons avec la collection de *blogs* donnée par TREC (TREC Blog 2006), les *topics* utilisés sont ceux de TREC 2006 et les documents pertinents sont fournis par les évaluateurs de TREC. La base de notre travail porte sur la modélisation de ces documents pour pouvoir représenter au mieux les documents porteurs d'opinion.

2. *Étape 2 : La détection d'opinions*

    Pour déterminer l'opinion d'un document, nous utilisons différentes ressources subjectives, telles que IMDb, CHESLY, ROTTEN et MPQA. Nous appelons cet ensemble de ressources : la collection de référence, vu qu'elle est considérée comme la collection à opinion.

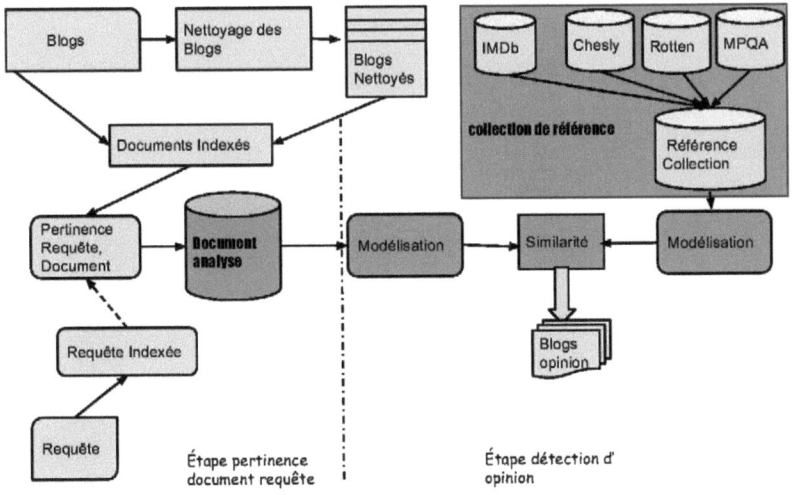

FIGURE 3.2 – Le processus de l'approche lexicale qui retourne les documents à opinion

Nous modélisons ensuite de différentes manières cette collection en se basant sur différents modèles de langue. Le but est de pouvoir représenter au mieux la collection et le document.

3. *Étape 3 : La similarité*

   Après la modélisation du document et de la collection de référence et afin de déterminer les documents porteurs d'opinion, nous mesurons la similarité des deux modèles en se basant sur différents scores d'opinion. L'apport principal de notre travail porte donc sur : la modélisation du document, de la collection de référence et du score de similarité que nous détaillons dans les sections suivantes.

3.2.1 Modèle du document

Le modèle du document peut être estimé de plusieurs façons, soit indépendant de la collection de référence, soit dépendant de cette collection. Ceci nous permettra d'évaluer si la prise en compte de la collection de référence dans le modèle du document à analyser a un effet sur la détection d'opinions.

3.2.1.1 Modèle de langue indépendant

Nous déterminons un modèle de langue du document θ_D indépendamment de la collection de référence, notée R dans ce qui suit, en se basant sur la fréquence des termes dans le document (équation 3.1).

$$\theta_{D\_indep\_ML} = P_{ML}(w|D) = \frac{fr(w,d)}{|d|} \qquad (3.1)$$

Où $fr(w,d)$ est la fréquence d'un terme w dans le document d et $|d|$ est la somme des fréquences de tous les termes du document d.

Ce modèle est assez classique et la notion d'opinion n'est pas du tout explicitée. Il modélise juste la distribution des termes dans le document.

3.2.1.2 Modèle de langue dépendant

Nous introduisons la notion d'opinion dans ce modèle. Une manière intéressante de prendre en compte cette notion est par exemple de *booster* les mots susceptibles d'exprimer une opinion. Pour ce faire, nous proposons d'estimer le modèle du document en le lissant avec un modèle d'opinion estimé à partir de documents de la collection de référence. Ce lissage permettrait de renforcer les termes présents dans le document et dans la collection de référence. Le modèle du document est alors défini par trois modèles de lissage, Jelinek Mercer (JM), Dirichlet (DIR) et Two Stage (TS). Le modèle le plus approprié sera celui qui améliore au mieux la détection d'opinions lors des expérimentations.

1. **Jelinek Mercer (JM)** [51] : Dans cette méthode, nous interpolons le modèle de Maximum Likelihood (ML) avec le modèle de langue de la collection de référence $P(w|R)$, avec un coefficient λ_d fixe permettant de contrôler le lissage des deux modèles. Cette méthode est exprimée par l'équation 3.2

$$\theta_{D\_dep\_JM} = P_{JM}(w|D) = \lambda_d * P_{ML}(w|D) + (1-\lambda_d) * P_{ML}(w|R) \qquad (3.2)$$

Il est clair que si $\lambda_d = 1$, nous retrouvons le modèle ML, et si $\lambda_d = 0$ le modèle du document sera le même modèle que celui de la collection de référence $P(w|R)$, et pour toute autre valeur de ce coefficient, nous favorisons alors le document qui est généré par le modèle de la collection de référence. Ce qui revient à faire *booster* les documents qui contiennent des termes de la collection de référence.

2. **Dirichlet (DIR) [103]** : Cette méthode interpole aussi le modèle ML avec un modèle de la collection de référence permettant de favoriser les documents porteurs d'opinion, avec un paramètre de lissage dynamique λ qui change en fonction de la longueur du document. Le modèle est représenté par l'équation 3.3 où $\lambda = \frac{|d|}{|d|+\mu}$ et μ est un paramètre fixe.

$$\theta_{D\_dep\_DIR} = P_{DIR}(w|D) = \frac{|d|}{|d|+\mu}P_{ML}(w|D) + \frac{\mu}{|d|+\mu}P_{ML}(w|R) \qquad (3.3)$$

Ce qui signifie que plus le document est long et plus le lissage est faible. Ce qui est compréhensible du fait que plus un document est long plus c'est un grand échantillon et a donc besoin de moins de lissage.

3. **Two Stage (TS) [1]** : Dans cette méthode, une combinaison des deux modèles de lissage est faite, cette combinaison permet d'améliorer la représentation du modèle de document θ_D. Dans un premier temps le document est estimé en utilisant le lissage Dirichlet avec un coefficient dynamique $\lambda = \frac{|d|}{|d|+\mu}$ dépendant de la taille du document. Cette dernière est alors importante car pour un document long le lissage ne sera pas fait ce qui revient dans notre cas à pénaliser les documents porteurs d'opinions. Pour remédier à cela une deuxième méthode de lissage se basant sur le modèle de Jenlinek Merker est utilisée avec un coefficient de lissage fixe γ_D. Cette combinaison de deux modèles de lissage permet de lisser tout type de document, quelle que soit sa taille, avec le modèle de langue de la collection de référence. Un autre avantage de ce double lissage est que le document à opinion est boosté doublement du fait de l'insertion du modèle de R (modèle porteur d'opinions) dans le modèle de Dirichlet et dans celui de Jenlinek Mercker en même temps. Cette méthode est représentée par l'équation 3.4.

$$\theta_{D\_dep\_TS} = P_{TS}(w|D) = \gamma_D \frac{fr(w,d) + \mu P_{ML}(w|R)}{|d|+\mu} + (1-\gamma_D)P_{ML}(w|R) \qquad (3.4)$$

Afin de renforcer cette notion de subjectivité, nous proposons également de prendre en compte la subjectivité à priori d'un terme en se basant sur la ressource lexicale SentiWordNet (SWN)[86]. Une façon simple de mesurer la subjectivité d'un terme dans SWN est de prendre la moyenne de subjectivité (positive et négative) des synsets dans lesquels le terme apparaît. En fait, cette approche est assez simpliste, elle ne ne fait aucune désambiguisation des termes. Nous calculons ainsi la moyenne du score de subjectivité d'un terme w en ajoutant le score positif et le score négatif de tous les sens de ce terme et divisons ensuite le score total par le nombre total des sens du terme (voir l'équation 3.5).

$$Subj(w) = \sum_{si \in sens(w)} \frac{(Neg(si) + Pos(si))}{|sens(w)|} \qquad (3.5)$$

Où $Neg(si)$ est le score négatif du sens si du terme w dans le dictionnaire SWN, $Pos(si)$ est le score positif et $|sens(w)|$ est le nombre de sens du terme retrouvé dans SWN.
En prenant en considération cette subjectivité, le modèle du document θ_D sera représenté dans le cas du modèle du document indépendant par l'équation 3.7 et dans le cas du modèle dépendant par l'équation générale 3.6.

$$\theta_D\_dep\_M\_Subj = P_M(w|D) * Subj(w)$$

$$\text{Avec } M \in \{DIR, JM, TS\} \qquad (3.6)$$

$$\theta_D\_indep\_ML\_Subj = P_{ML}(w|D) * Subj(w)$$

$$(3.7)$$

Après la représentation du modèle du document, nous procédons dans ce qui suit à la modélisation de la collection de référence.

3.2.2 Modèle de la référence

Le modèle de la référence est estimé lui aussi de quatre manières différentes. La première se base sur une simple probabilité des fréquences des termes dans la collection de référence. Cette dernière sera représentée par l'équation (3.8).

$$\theta_R\_Indep\_ML = P_{ML}(w|R) = \frac{fr(w, R)}{|R|} \qquad (3.8)$$

Si un terme du document n'appartient pas à la collection de référence alors il aura une probabilité nulle. Ce modèle ne favorise pas les termes qui appartiennent à la collection à analyser. De ce fait trois modèles de lissages sont utilisés (les mêmes que ceux utilisés précédemment dans la modélisation du document), ces modèles combinent le modèle de la collection de référence (R) avec le modèle de la collection d'analyse (C).

Le premier modèle se base sur le modèle de Jenlinek Mercker représenté par l'équation 3.9.

$$\theta_{R\_dep\_JM} = P_{JM}(w|R) = \lambda_r * P_{ML}(w|R) + (1 - \lambda_r) * P_{ML}(w|C) \qquad (3.9)$$

Ce lissage varie selon la valeur donnée à la variable λ_r, ci cette dernière est grande cela signifie qu'on favorise les documents qui contiennent des termes de la collection de référence mais si la variable est petite cela favorisera les documents qui contiennent des termes de la collection à analyser.

Le second modèle se base sur le modèle de lissage de Dirichlet, représenté par l'équation 3.10, avec un facteur de lissage égal à $\frac{|R|}{|R|+\mu}$ où μ est un paramètre fixe.

$$\theta_{R\_dep\_DIR} = P_{DIR}(w|R) = \frac{|R|}{|R|+\mu} P_{ML}(w|R) + \frac{\mu}{|R|+\mu} P_{ML}(w|C) \qquad (3.10)$$

Où $P_{ML}(w|C)$ représente le modèle de la collection d'analyse C.

Ces deux derniers modèles (JM et DIR) résolvent le problème de se retrouver avec une probabilité nulle lorsqu'un document ne contient pas des termes de la collection de référence et ceci par l'adjonction de la probabilité $P(w|C)$ qui n'est autre que la probabilité qu'un terme w se trouve dans la collection à analyser C.

Le troisième modèle proposé est une combinaison des deux modèles, il est nommé Two Stage et est représenté par l'équation 3.11

$$\theta_{R\_dep\_TS} = P_{TS}(w|R) = \gamma_R P_{ML}(w|R) + (1 - \gamma_R) \frac{fr(w,C) + \mu P_{ML}(w|R)}{|C|+\mu} \qquad (3.11)$$

Ce modèle a l'avantage de *booster* doublement les documents à opinions, car il insère deux fois la probabilité $P(w|R)$ dans le modèle ML et dans le modèle DIR. Afin de *booster* d'avantage les mots subjectifs, nous proposons de pondérer chaque terme avec son score de subjectivité, comme cela a été fait pour le modèle du document.

Le modèle de la référence correspondant est représenté par l'équation générale 3.12 pour les modèles dépendants, et par l'équation 3.13 pour le modèle indépendant.

$$\theta_{R\_dep\_M\_Subj} = P_M(w|R) * Subj(w)$$

Avec $M \in \{DIR, JM, TS\}$ (3.12)

$$\theta_{R\_indep\_ML\_Subj} = P_{ML}(w|R) * Subj(w)$$

(3.13)

Après la modélisation du document et de la collection de référence, nous définissons dans ce qui suit les différents scores de ré-ordonnancement des documents porteurs d'opinions que nous avons utilisés.

3.3 Scores d'opinion

Nous proposons de calculer le score d'opinion selon différentes fonctions. Une première façon consiste à mesurer la similarité entre le modèle de document et celui de la collection de référence porteuse d'opinion. Nous utilisons pour cela, la divergence de Kullback-Leibler (KL_divergence) [103].

$$Score\_KL\_R(D, R) = \sum_{w \in D} \theta_D * log \frac{\theta_D}{\theta_R}$$ (3.14)

Où θ_D et θ_R sont les modèles de langue respectivement, du document et de la collection d'opinions tels qu'ils ont été définis dans la section précédente. Cette fonction score mesure en fait la divergence entre les distributions de probabilités. Plus le score est faible plus le document est similaire à la collection d'opinions, donc est vraisemblablement porteur d'opinion.

Une deuxième façon de calculer le score d'opinion, et qui est assez simpliste, c'est d'évaluer la probabilité jointe de tous les termes du document. Ceci revient à calculer le produit des probabilités des termes pondérés de tout le document soit :

$$Score\_prod\_R(D) = \prod_{w \in D} P(w|D) \quad (3.15)$$

L'intuition ici est la suivante : la distribution des termes dans le document est censée modéliser l'importance des termes dans le document et comme cette importance a été de *booster* les mots de type opinion, on peut prétendre que plus le $Score\_prod\_R(D)$ est élevé et plus le document contient des opinions.

La troisième façon de mesurer le score est donnée par l'équation suivante :

$$Score\_mixte\_R(D) = \sum_{w \in D} Opinion(w) * P(w|D) \quad (3.16)$$

Ce score prend en considération le score d'opinion qui est représenté par $Opinion(w)$ et la fréquence de ces termes dans le document représenté par $P(w|D)$. Le score d'opinion est alors exprimé par le fait que les termes du document doivent être dans la collection de référence $P(w|R)$ et dans le lexique SentiWordNet ($Subj$).

$$Opinion(w) = P(w|R) * subj(w) \quad (3.17)$$

Remarque : tous les scores calculés dans cette section ne font pas du tout référence à la notion de pertinence, qui est au coeur de la recherche d'information. Nous rappelons que notre but est d'étudier uniquement la dimension opinion. En ce qui concerne la dimension pertinence, nous avons considéré qu'elle est calculée ailleurs, en utilisant n'importe quel modèle de recherche d'information. De ce fait, pour renvoyer la liste de documents répondant à la requête et exprimant une opinion, nous proposons de combiner de différentes manières le score de pertinence et le score d'opinion. Ce point est discuté dans la dernière partie de la section expérimentation.

3.4 Expérimentations

Les expérimentations sont réalisées sur deux collections l'une de TREC Blog Track 2006 qui représente la collection à analyser et la seconde qui représente la collection de référence, se compose de plusieurs ressources subjectives (décrites dans la partie : ressources subjectives dans le Chapitre 1) telles que : IMDB, ROTTEN, MPQA, CHESLY. Plusieurs travaux ont prouvé que l'information subjective est véhiculée seulement par les adjectifs, les adverbes, les noms et les verbes. De ce fait, nous taguons les deux collections (la collection d'analyse et la collection de référence) en utilisant le CRFTagger [66], afin d'extraire les termes de types : adjectif, verbe, adverbe et nom.

3.4.1 Résultats

Comme nous l'avons signalé auparavant, le but de notre étude est d'étudier uniquement la dimension opinion. De ce fait pour évaluer la performance de notre approche, nous utilisons la liste des documents pertinents fournis par les évaluateurs de TREC. Cette liste contient pour chaque *topic* de TREC les 1000 premiers documents répondant thématiquement à la requête. TREC fournit cette collection afin d'éviter que les résultats relatifs au modèle de pertinence utilisé soient biaisés. Les participants à TREC partent du même sous ensemble de documents, de ce fait l'impact de l'approche d'opinion proposée peut être évaluée indépendamment de la performance du modèle de pertinence thématique utilisé.

Notre objectif est alors de ré-ordonner ces documents en fonction de leurs opinions. Les résultats des évaluations sont présentés en termes de précision moyenne (Average Precision (AP)) quand il s'agit d'une requête, ou la moyenne des AP (Mean Average Precision (MAP)) pour un ensemble de requêtes et de la précision à 10 documents notée (P@10). Nous avons réalisé quelques expérimentations préliminaires et avons fixé le paramètre de lissage λ égal à 0.6. et le paramètre μ à 0.1.

Nous avons évalué nos propositions sous plusieurs angles :
- L'impact de la subjectivité à priori calculée selon SentiWordNet.
- L'impact de la collection de référence dans les modèles du document et de la collection de référence.
- L'impact de la fonction de calcul du score d'opinion.
- L'impact de la manière de combiner le score d'opinion et le score de pertinence.

3.4.1.1 Impact de la subjectivité selon SentiWordNet

Dans cette expérimentation le but est de mesurer l'impact du facteur de subjectivité calculé avec SWN sur la détection d'opinions. Pour cela nous comparons les résultats obtenus en considérant les deux modèles (document, référence) selon qu'ils prennent en compte la subjectivité (θ_D $Indep$ ML $Subj, \theta_R$ $indep$ ML $Subj$) ou non (θ_D $indep$ ML, θ_R $Indep$ ML). Nous restreignons l'étude aux seuls modèles de langue ML car le but de cette expérimentation est de voir uniquement le rôle de la subjectivité (SWN) sur un modèle qui n'est pas déjà favorisé par des techniques de lissage. Le score d'opinion est calculé selon le $Score$ KL $R(D, R)$.

TABLE 3.1 – Les résultats des mesures MAP et P@10 pour les modèles qui prennent en compte la subjectivité selon SWN et ceux qui n'en tiennent pas compte

Configuration	MAP	P@10
Sans Subjectivité	0.1488	0.2896
Avec Subjectivité	0.1279	0.1187

Le tableau 3.1 présente les valeurs de la MAP et de la P@10 obtenues pour l'ensemble des 50 requêtes. Les résultats montrent que la différence des performances entre les deux configurations est forte soit plus de (16% au niveau de la MAP et 143% au niveau de la P@10) pour le modèle qui n'utilise pas la subjectivité par rapport à celui qui utilise la subjectivité.

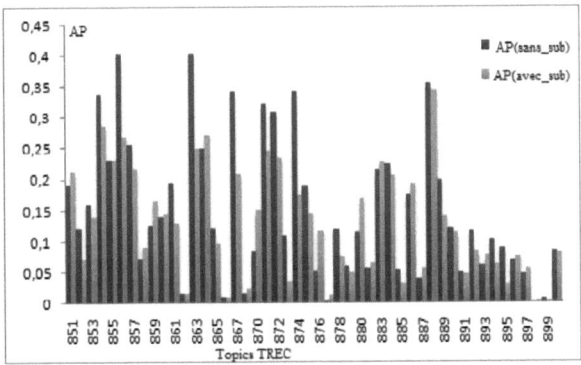

FIGURE 3.3 – L'impact de la subjectivité

En observant les requêtes de manière individuelle tel que c'est illustré dans la figure 3.3, où les *topics* de TREC 2006 sont représentés en abscisse et la moyenne des précisions pour chaque *topic* en ordonnée, on constate que les résultats montrent clairement que les performances entre les différentes représentations ne sont pas similaires. Une amélioration au niveau des deux mesures MAP et P@10 pour toutes les requêtes de TREC est observée dans le modèle qui ne prend pas en compte la subjectivité selon (SWN).

Les résultats s'expliquent par le fait que lors de la représentation du modèle qui prend en compte la subjectivité, nous pondérons uniquement les termes qui appartiennent à SentiWordNet et qui appartiennent à la collection de référence vu que c'est le produit qui est utilisé. De ce fait, nous éliminons tous les autres termes subjectifs non communs aux deux ressources. Afin d'améliorer ce modèle et pour prendre en compte d'autres termes subjectifs nous proposons de modéliser le document ainsi que la collection de référence de la sorte suivante : Le modèle du document est représenté par l'équation 3.18 :

$$\theta_{D\_indep\_ML\_Subj2} = \sigma * P_{ML}(w|D) + (1 - \sigma) * Subj(w) \qquad (3.18)$$

et le modèle de référence est représenté par l'équation 3.19.

$$\theta_{R\_indep\_ML\_Subj2} = \sigma * P_{ML}(w|R) + (1 - \sigma) * Subj(w) \qquad (3.19)$$

Où σ est un facteur de lissage.

Les valeurs de la MAP et de la P@10 obtenues pour l'ensemble des 50 requêtes sont représentées dans le tableau 3.2.

TABLE 3.2 – Les résultats des mesures MAP et P@10 pour les modèles qui prennent en compte la subjectivité 2 selon *SWN* et pour ceux qui n'en tiennent pas compte

Configuration	MAP	P@10
Sans Subjectivité	0.1488	0.2896
Avec Subjectivité 2	0.1490	0.2898

Nous observons dans le tableau 3.2 qu'il n'existe pas de différence entre les deux modèles avec ou sans subjectivité. Nous concluons que l'utilisation de SentiWordNet n'a pas d'impact dans les modèles proposés pour la détection d'opinions.

3.4.1.2 Impact de la collection de référence

Dans cette expérimentation nous étudions l'impact du choix du modèle de langue de la collection de référence dans la détection d'opinions.

Ce qui revient à répondre à la question suivante : quel est le modèle de langue qui représente le mieux la collection de référence (collection porteuse d'opinions). Pour ce faire nous considérons le modèle du document selon une simple représentation ($\theta_D\_indep\_ML$) afin de ne pas biaiser les résultats et le modèle de référence selon les trois modèles cités dans la section précédente (($\theta_R\_dep\_DIR$) , ($\theta_R\_dep\_JM$) et ($\theta_R\_dep\_TS$)). Nous calculons le score d'opinion en utilisant la Kl divergence. Le tableau 3.3 montre les résultats obtenus en termes de MAP et de P@10 sur l'ensemble des requêtes.

TABLE 3.3 – Les résultats des mesures MAP et P@10 pour les différents modèles de la collection de référence

$Modèle(document, référence)$	MAP	P@10
(ML, DIR)	0.1231	0.1375
(ML, JM)	0.1782	0.3646
(ML, TS)	0.2098	0.4354

Nous remarquons que le meilleur résultat est donné par la paire (ML, TS). Ces résultats nous permettent de dire que le modèle se basant sur le Two Stage représente mieux la collection de référence soit une amélioration de plus de 39.26% pour la MAP et de 73.43% pour la précision comparativement aux autres représentations.

3.4.1.3 Impact du modèle du document

Dans cette expérimentation nous étudions l'impact du choix du modèle de langue dans la représentation du document à opinion. Ce qui revient à répondre à la question suivante : quel est le modèle qui permet de représenter le mieux le document à opinion. Pour cela nous considérons le modèle du document selon les trois représentations présentées dans la section précédente ($\theta_D\_dep\_DIR$) , ($\theta_D\_dep\_JM$) et ($\theta_D\_dep\_TS$)), avec le modèle qui représente au mieux la collection de référence ($\theta_R\_dep\_TS$), déduit de l'étude précédente. Le score d'opinion est calculé en se basant sur la KL_divergence.

Le tableau 3.4 montre les résultats obtenus en terme de MAP et de P@10 sur l'ensemble des requêtes. Nous remarquons que le meilleur résultat est donné par la paire (TS, TS).

TABLE 3.4 – Les résultats des mesures MAP et P@10 pour les différents modèles du document

Modèle (document, référence)	MAP	P@10
(DIR, TS)	0.2122	0.4417
(JM, TS)	0.2260	0.4750
(TS, TS)	0.2298	0.4875

Ce qui revient à dire que le modèle se basant sur le Two Stage représente mieux le document à opinion, soit une amélioration de plus de 4.88% pour la MAP et de 6.35% pour la précision comparativement aux autres représentations.

D'après les résultats obtenus dans les deux points étudiés (avec des résultats significatifs t-test <0.05), nous pouvons conclure que les modèles se basant sur le double lissage représentent au mieux le document et la collection de référence. En effet, pour la représentation du document le lissage combinant le modèle du document avec celui de la collection de référence a permis de *booster* les documents qui sont générés par le modèle de référence. Tandis que pour la représentation de la collection de référence, le lissage avec le modèle de la collection d'analyse a permis de ne pas pénaliser les documents ne contenant pas de terme de la collection de référence.

Nous confirmons cette conclusion en comparant les résultats obtenus avec les modèles (document, référence) qui utilisent le lissage (θ_D dep TS, θ_R dep TS) avec ceux des modèles n'utilisant pas le lissage (θ_D indep ML, θ_R indep ML).

TABLE 3.5 – Les résultats des mesures MAP et P@10 pour les modèles à double lissage avec ceux qui ne prennent pas en compte le lissage.

Configuration(document, référence)	MAP	P@10
Avec Lissage	0.2298	0.4875
Sans Lissage	0.1488	0.2894

En analysant les résultats donnés dans le tableau 3.5, nous remarquons clairement une amélioration au niveau de la MAP et de la P@10 de plus de 63.69 % pour les modèles qui se basent sur un double lissage par rapport à ceux qui n'en tiennent pas compte.

L'analyse des résultats requête par requête listés dans la figure 3.4 où les *topics* de TREC 2006 sont représentés en abscisse et la moyenne des précisions pour chaque *topic* en ordonnée, montre clairement que les modèles TS présentent des performances plus élevées pour 48 *topics* sur 50. Dans la figure 3.4, (AP ML) représente les résultats des *topics* pour les modèles ML et (AP TS) représente les résultats des *topics* pour les modèles TS.

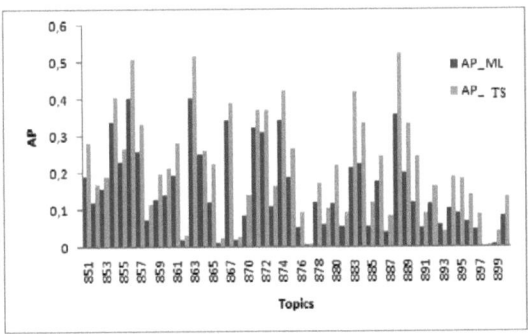

FIGURE 3.4 – Impact du lissage dans les modèles proposés

3.4.1.4 Impact de la fonction de score d'opinion

Nous comparons ici les trois fonctions de score proposées dans la section précédente à savoir le score basé sur la Kl divergence $Score\_KL\_R(D)$, le score basé sur le produit des termes pondérés $Score\_Prod\_R(D)$ et le score mixte $Score\_Mixte\_R(D)$. Nous avons pris pour les modèles de document et de la collection de référence les représentations optimales déduites de l'étude précédente ($\theta_D\_dep\_TS, \theta_R\_dep\_TS$). Le tableau 3.6 liste les résultats des trois fonc-

TABLE 3.6 – Les résultats des mesures MAP et P@10 selon la fonction de score d'opinion.

Fonctions score	MAP	P@10
Similarité $Score\_KL\_R(D)$	0.2298	0.4875
Produit $Score\_Prod\_R(D)$	0.1131	0.1333
Mixte $Score\_Mixte\_R(D)$	0.1654	0.3125

tions scores étudiées, la conclusion est claire, et d'ailleurs attendue.

Nous constatons que la KL-divergence donne des résultats largement supérieurs à ceux obtenus par le $Score\_Prod\_R(D)$ et le $Score\_Mixte\_R(D)$. Ce qui s'explique par le fait que la notion d'opinion est explicitement insérée de deux manières dans la KL divergence, elle est exprimée dans le modèle du document θ_d et dans le modèle de référence θ_R. Tandis que pour le score qui se base sur le produit, la notion d'opinion est exprimée uniquement dans la probabilité $P(w|D)$ ce qui explique sa faible performance. Concernant le score mixte, la notion d'opinion est prise en compte également par deux probabilités $P(w|R)$ et $Subj(w)$ mais ce qui diffère de la KL-divergence est la prise en compte de la notion de fréquence des termes exprimée par la probabilité $P(W|D)$. Les faibles résultats obtenus par le score mixte comparés aux résultats du score de similarité, s'explique du fait qu'un terme légèrement subjectif qui se répète plusieurs fois dans le document n'assure pas que ce document est fortement subjectif, alors qu'un terme subjectif qui se répète une seul fois dans le document peut rendre ce dernier fortement porteur d'opinion.

Afin de mieux comprendre le comportement de ces deux fonctions de score, nous avons analysé la distribution des scores ($Score\_KL\_R(D)$ et $Score\_mixte\_R(D)$) dans les documents qui contiennent des opinions et dans les documents qui ne contiennent pas des opinions, pris des *qrels* de TREC Blog 2006.

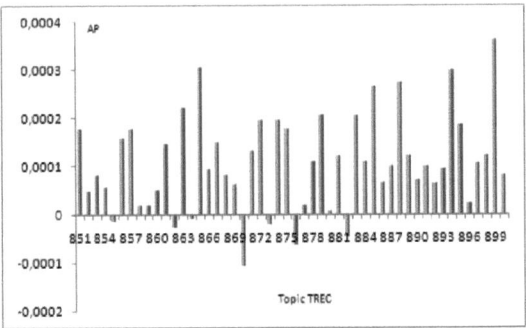

FIGURE 3.5 – Différence entre la moyenne de *Score mixte* $R(D)$ pour les documents porteurs d'opinions et de celle des documents non porteurs d'opinions

Les résultats sont représentés dans les figures 3.5 et 3.6. L'abscisse représente les 50 *topics* de TREC 2006 et l'ordonnée représente respectivement la différence entre la moyenne des scores des documents pertinents, à opinion et la moyenne des scores des documents non opinion.

Seuls les documents effectivement jugés par TREC sont utilisés.

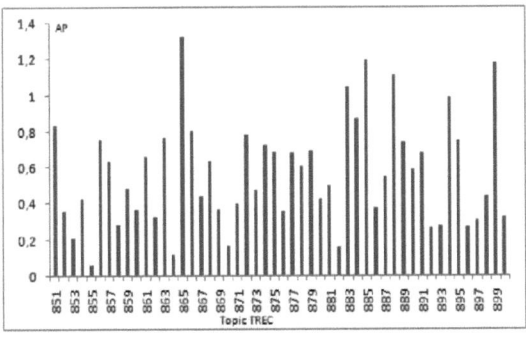

FIGURE 3.6 – Différence entre la moyenne de score *Score KL* $R(D)$ pour les documents porteurs d'opinions et de celle des documents non porteurs d'opinions

Les résultats de la figure 3.5, listant la différence des scores dans le cas de la fonction *Score Mixte* $R(D)$, sont majoritairement bons mais il existe certains *topics* qui ne donnent pas de bons résultats (soient 7 sur 50 *topics*).

Par contre la figure 3.6 montre qu'il y a une différence claire entre les scores de documents porteurs d'opinions et les documents non opinion et ceci pour tous les *topics*. Nous pouvons ainsi conclure que le score se basant sur le calcul de la similarité par la KL divergence donne de meilleurs résultats que le score mixte.

3.5 Évaluation du modèle combinant pertinence et opinion

Tous les résultats que nous avons décrits ci dessus ne tiennent pas compte de la pertinence des documents car notre but était d'évaluer uniquement la dimension opinion dans le processus de recherche d'opinions. Afin de répondre à la tâche de la recherche de documents pertinents et exprimant une opinion, nous proposons donc de combiner le score d'opinion d'un document avec son score de pertinence. Le score d'opinion d'un document est calculé selon $Score\_KL\_R(D)$ basé sur les représentations optimales déduites des études précédentes ($\theta_D\_dep\_TS$, $\theta_R\_dep\_TS$). Le score de pertinence d'un document est donné par la *baseline* de TREC. Nous avons combiné les scores de pertinence et d'opinion de deux manières différentes. La première se base sur une combinaison linéaire donnée par l'équation 3.20.

$$Score_{Final_{Linéaire}}(d) = \alpha * Pertinence(d,q) + (1-\alpha) * Opinion(d) \quad (3.20)$$

La seconde se base sur un produit donné par l'équation 3.21

$$Score_{Final_{Produit}}(d) = Pertinence(d,q) * Opinion(d) \quad (3.21)$$

Où $Pertinence(d,q)$ représente le score de pertinence du document d pour la requête q, $Opinion(d)$ est le score d'opinion du document d calculé selon sa meilleure représentation (la KL divergence dans l'équation 3.14) et α est un paramètre de lissage.

Le tableau 3.7 liste les résultats des mesures MAP et P@10 des scores des deux configurations

TABLE 3.7 – Les résultats des mesures MAP et P@10 pour le modèle qui se base sur un score produit et pour celui basé sur la linéarité pour ré-ordonner les documents à opinions, et pour la *baseline* 4.

Configuration	MAP	P@10
Produit	0.3145	0.6354
Linéaire	0.3453	0.6729
Baseline 4	0.3022	0.5240

(Produit et Linéaire) et de celui de la meilleur *baseline* de TREC (*baseline* 4). En observant ces résultats nous remarquons que les deux configurations améliorent la Baseline 4. Le résultat le plus faible parmi ces deux configurations a été donné par le Produit, cela est dû probablement à l'attribution égale entre le score de pertinence et le score d'opinion, ce qui n'est pas le cas pour la combinaison linéaire qui favorise plus les documents à opinions en attribuant une valeur à la variable $\alpha = 0.1$. On constate une amélioration de plus de 14,26% au niveau de la MAP et de 28,48 % au niveau de la P@10 du score linaire comparativement au score produit. Nous observons aussi que la configuration basée sur le linéaire rapporte une amélioration de plus de 10.65% au niveau de la MAP et de 24,84% au niveau de la P@10 comparativement au meilleur résultat de TREC qui est la *baseline 4*.

La figure 3.7 montre le degré d'amélioration de notre méthode comparativement à la Baseline 4 *topic* par *topic*. Les *topics* de TREC 2006 sont représentés en abscisse, la moyenne des précisions pour chaque *topic* en ordonnée. Nous notons par (AP B4) les résultats obtenus par la *baseline* 4 et par (AP TS) ceux obtenus par l'approche qui nous a donné les meilleurs résultats, c'est-à-dire l'approche dans laquelle les modèles du document et de la référence sont représentés par TS. Le score d'opinion est calculé selon la KL divergence et le score final du document est basé sur une combinaison linaire entre le score de pertinence et le score d'opinion.

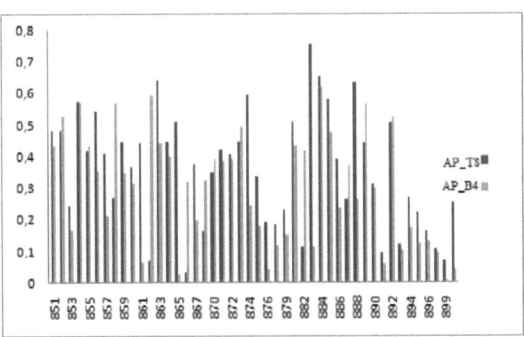

FIGURE 3.7 – Les résultats de la mesure MAP pour chaque *topic* de TREC Blog 2006 comparant notre modèle TS avec la Baseline B4.

En observant le tableau 3.8 et le tableau 3.9, nous pouvons dire que les meilleurs résultats ont été obtenus sur des *topics* qui ont suscité plus d'intérêt général que d'autres, comme par

TABLE 3.8 – Les résultats de la MAP pour les 5 top *topics*.

Numéro du *topic*	Titre du *topic*	MAP
883	Heineken	0.6425
888	Audi	0.6344
874	Coretta Scott King	0.5953
865	Basque	0.4814
861	Mardi Gras	0.444

TABLE 3.9 – Les résultats de la MAP pour les 5 moins bon *topics*.

Numéro du *topic*	Titre du *topic*	MAP
866	Whole Foods	0.0336
862	Blackberry	0.0719
882	Seahawks	0.1143
868	Joint Strike Fighter	0.168
858	Super Bowl	0.2695

exemples les *topics* relatifs aux produits tels que le *topic* 883 «heineken» et le *topic* 888 «Audi» ou pour les *topics* relatifs aux personnalités tels que le *topic* 874 «corretta scott king» ou les *topics* relatifs aux événements actuels tels que le *topic* «basque» et le *topic* 861 «mardi gras». Ce sont des *topics* connus par l'ensemble des internautes.

Tandis que pour les *topics* qui ont obtenu de faibles résultats, on constate que ceux sont des *topics* spécifiques à une minorité d'internautes et moins généraux, comme par exemples le *topic* 882 «Seahawts» qui est une équipe de football régionale des U.S, ou bien le *topic* «Whole Foods» qui est une distribution de produit alimentaire biologique au U.S ou même pour le *topic* «Joint Strike Fighter» qui est un programme de recherche aéronautique du gouvernement des U.S.

Ces *topics* restent spécifiques et peu connus par l'ensemble des internautes. Une seule exception est celle du *topic* 862 «Blackberry» qui est une marque actuellement très connue des téléphones portables sauf que la collection utilisée date de 2006 et que ces téléphones n'étaient pas très populaires à cette période là. Après l'observation détaillée des différents résultats, nous pouvons ainsi conclure que notre modèle optimale (TS, TS) détermine les documents porteurs d'opinion mieux que le Baseline de TREC.

3.6 Comparaison avec d'autres travaux

Après la comparaison de notre modèle avec la meilleur *baseline* de TREC (*baseline* 4), il serait intéressant de comparer notre travail avec les travaux qui s'intéressent à la même thématique qui est la détection d'opinions. Pour que la comparaison soit valable et ne soit pas biaisée, les travaux que nous considérons doivent utiliser la même collection et les même *topics* que nous avons utilisés dans notre expérimentation.

Pour les travaux qui ont participé à la campagne d'évaluation de TREC, le meilleur travail a été donné par Ellen Voorhees et al. [92] qui a obtenu une MAP de 0.1885 et une P@10 de 0.5120. Notre approche améliore ce travail de plus de 43.51% au niveau de la MAP et de 24.84 % au niveau de la P@10. Ils existent d'autres travaux qui n'ont pas participé à TREC mais qui ont utilisé sa collection et ses *topics*. Parmi les meilleurs travaux, on peut citer celui de Kazuhiro Seki et Kuniaki Uehara [80] qui obtient une MAP de 0.3221, mais la P@10 n'a pas été calculée. Nous obtenons une amélioration au niveau de la MAP de 3.67 % par rapport à ces résultats. Comparativement au travail de Saad Missen et al.[57] qui obtient une MAP de 0.3303 et une P@10 de 0.6340, nos résultats rapportent une amélioration de 1.22% et de 3.08% respectivement au niveau de la MAP et de la P@10.

3.7 Conclusion

Dans ce chapitre nous avons abordé la question de la détection d'opinions. Nous partons du fait qu'un document (un *blog* dans notre cas) contient des opinions s'il est similaire à une source d'information de type opinion. Pour ce faire nous avons modélisé le document et la collection de référence (opinions) par des modèles statistiques de langue, puis nous avons évalué la similarité de ces modèles pour détecter si le document est subjectif. Les différentes expérimentations que nous avons menées ont montré que notre hypothèse sur l'exploitation de sources d'opinions sans analyse préalable (extraction de mots subjectifs) est viable.

Nous avons effectivement amélioré de manière significative nos résultats comparativement à la *baseline* donnée par TREC et également par rapport aux différentes configurations que nous avons considérées, ainsi que par rapport à certains travaux qui ont utilisé la même collection et les mêmes *topics*.

Chapitre 4

Apprentissage automatique basé sur des caractéristiques dépendantes et indépendantes de la requête

4.1 Introduction

Ce chapitre décrit notre seconde contribution qui consiste à proposer une méthode d'apprentissage automatique pour la détection d'opinions qui génère son modèle à partir des collections préalablement annotées permettant ainsi de classifier les documents en deux classes (opinion ou non opinion). Notre démarche a été d'abord de proposer un ensemble de caractéristiques que nous avons classifiées en dépendantes du *topic* et indépendantes du *topic* et d'analyser, à travers les expérimentations, l'impact de chacune d'elle sur les performances de la détection d'opinions. Nous avons ensuite mené plusieurs expérimentations pour prouver que combiner les caractéristiques dépendantes et indépendantes du *topic* a un impact positif sur la détection d'opinions. Les diverses expérimentations nous ont permis aussi de déterminer la meilleur manière de les combiner et aussi le type du classifieur qui améliore au mieux la détection d'opinions.

4.2 Caractéristiques exploitées

Nous proposons d'expérimenter 43 caractéristiques pour la tâche de détection d'opinions. Nous divisions ces caractéristiques en deux groupes : celles qui sont indépendantes du *topic* et celles qui en dépendent. Notons que seules les caractéristiques principales sont décrites dans ce qui suit, pour plus d'informations voir [55].

4.2.1 Caractéristiques indépendantes du *topic*

Nous nous sommes basés pour définir ces caractéristiques sur des parties du discours (*Parts of Speech (POS)*) telles que : les adjectifs, les adverbes, les noms et les pronoms, car la plupart des travaux ont prouvé que ces termes peuvent véhiculer de la subjectivité [107].

4.2.1.1 Émotivité

L'exploitation de la présence des adverbes et des adjectifs dans le document est un indicateur d'émotivité qui a été traité dans le travail de [107]. De ce fait, nous proposons de mesurer une caractéristique qui se base sur le nombre d'adverbes, d'adjectifs, de verbes et de noms dans un document préalablement taggé par POS Tagger. Cette caractéristique est définie par le score Emot1 donné par l'équation 4.1.

$$Emot1(d) = \frac{|\{w \in d | type(w) \in \{adj, adv\}\}|}{|\{w \in d | type(w) \in \{verb, nom\}\}|} \quad (4.1)$$

Où w représente un terme du document d et $adj, adv, verb, nom$ représentent respectivement : l'adjectif, l'adverbe, le verbe et le nom. Afin de normaliser ce score sur la taille du document, nous définissons un autre score d'émotivité *Emot2* défini par l'équation 4.2.

$$Emot2(d) = \frac{Emot1(d)}{|\{w \in d\}|} \quad (4.2)$$

Où $|\{w \in d\}|$ représente le nombre total de mots dans le document d.

4.2.1.2 Subjectivité

Nous utilisons la subjectivité d'un terme selon le lexique SentiWordNet telle qu'elle a été définie dans le chapitre 3 pour déterminer les documents à opinion à l'aide des modèles de langue et que nous rappelons dans l'équation 4.3.

$$Subj(w) = \sum_{s_i \in sens(w)} \frac{(Neg(s_i) + Pos(s_i))}{|sens(w)|} \quad (4.3)$$

Où $Neg(s_i)$ est le score négatif du sens s_i du terme w dans le dictionnaire SWN, $Pos(s_i)$ est le score positif et $|sens(w)|$ est le nombre de sens du terme retrouvé dans SWN.

Nous exploitons cette ressource pour calculer le score de subjectivité selon quatre façons décrites dans ce qui suit.

a) **Subjectivité-1**

$$Subj_1(d) = \frac{\sum_{w \in d} Subj(w)}{\mid \{w | w \in d, w \in SWN\} \mid} \qquad (4.4)$$

Où $Subj(w)$ est la subjectivité d'un terme w, calculée en utilisant l'équation 4.3, et $\mid \{w | w \in d, w \in SWN\} \mid$ est le nombre total de termes du document qui appartiennent à SWN.

b) **Subjectivité-2**

$$Subj_2(d) = \sum_{w \in d} \frac{max\left(\sum_{w \in SWN} pos(w), \sum_{w \in SWN} neg(w)\right)}{\mid \{w | w \in d, w \in SWN\} \mid} \qquad (4.5)$$

Dans cette fonction, nous préférons donner un score positif (respectivement négatif) à un document que si le nombre de termes positifs (respectivement négatifs) l'emportent dans le document.

c) **Subjectivité-3**

$$Subj_3(d) = \frac{\sum_{w \in d} Subj(w)}{\mid \{w \in d\} \mid} \qquad (4.6)$$

La différence avec la subjectivité-1 est que la normalisation se fait par le nombre total de mots dans le document d et non uniquement par les termes du document qui appartiennent à SentiWordNet.

d) **Subjectivité-4**

$$Subj_4(d) = \frac{\sum_{w \in d | Subj(w) \geq 0,5} Subj(w)}{\mid \{w \in d | Subj(w) \geq 0,5\} \mid} \qquad (4.7)$$

La subjectivité-4 est définie de la même manière que la subjectivité 3 sauf que seuls les termes ayant une subjectivité selon SWN ≥ 0.5 sont considérés.

4.2.1.3 Réflexivité

Les blogueurs utilisent beaucoup de pronoms réflexifs lors de l'écriture, comme par exemple, l'utilisation de «I» dans «I think»« Je pense », ou de «my» dans « my point of view is that », « mon point de vu est que », etc. Tous ces groupes de mots, font référence à une opinion, et par conséquent, nous incluons la mesure de la réflexivité comme une caractéristique. L'idée est que tout document avec un plus grand nombre de ces mots sera probablement plus subjectif que celui qui en a moins. Pour cela, nous avons construit une liste R dite liste de réflexivité qui contient ces pronoms réflexifs, et que nous utilisons pour mesurer la caractéristique définie par l'équation 4.8.

$$Ref(d) = \frac{\mid \{w|w \in d, w \in R\} \mid}{\mid R \mid + \mid A \mid} \qquad (4.8)$$

$\mid \{w|w \in d, w \in R\} \mid$ est le nombre de pronoms réflexifs dans le document d qui appartiennent à la liste de réflexivité R, et $\mid R \mid$ est le nombre total de pronoms dans cette liste, et |A| est le nombre total de pronoms dans la liste d'adressage (Cette liste est expliquée dans ce qui suit).

4.2.1.4 Adressage

La plupart des phrases trouvées dans les blogs contiennent les mots suivants «you, your, yours, yourself, yourselves, u, he, she, they, himself, herself, themselves» car les utilisateurs écrivent des commentaires sur un sujet, en s'adressant aux autres blogueurs. De ce fait, l'utilisation de ces pronoms est très fréquente pour exprimer une opinion. Par conséquent, nous définissons l'adressabilité d'un document par le nombre de ces mots dans un document, selon l'équation 4.9.

$$Add(d) = \frac{\mid \{w|w \in d, w \in A\} \mid}{\mid A \mid + \mid R \mid} \qquad (4.9)$$

Où $\mid \{w|w \in d, w \in A\} \mid$ représente le nombre d'occurrences des termes d'adressage dans le document d qui appartiennent à la liste d'adressage A que nous avons déterminée, et |A| est le nombre total de pronoms dans la liste d'adressage A, et |R| est le nombre total de pronoms dans la liste de réflexivité.

4.2.2 Caractéristiques dépendantes du *topic*

Nous avons utilisé deux caractéristiques dépendantes de la requête, en l'occurrence : le score de pertinence et le rang de pertinence, afin de fournir des informations sur la pertinence d'un document par rapport à une requête donnée.

4.2.2.1 Score de pertinence

Afin de tenir compte du critère de pertinence, nous intégrons également le score de pertinence du document vis-à-vis de la requête comme caractéristique. Dans le cas des expérimentations nous utilisons le score de pertinence donné par TREC, mais on peut utiliser n'importe quel modèle de RI pour mesurer ce score.

4.2.2.2 Rang de pertinence

Nous prenons également le rang des documents pertinents dans la liste des résultats. Nous avons aussi utilisé le rang donné par TREC.

4.3 Expérimentations

Nous utilisons TREC Blog 2006 comme collection d'analyse avec les *topics* de TREC 2007 (50 *topics*). Nous traitons plusieurs points que nous citons ci dessous :
- Nous analysons individuellement l'impact des différentes caractéristiques proposées pour la détection d'opinions.
- Nous combinons ces caractéristiques de différentes manières afin de trouver la combinaison la plus performante pour la détection d'opinions.
- Nous utilisons également différents types de classifieurs afin de déterminer celui qui améliore le mieux la détection d'opinions.

4.3.1 Caractéristiques individuelles

Afin de montrer le rôle de la combinaison des deux catégories de caractéristiques dépendantes et indépendantes du *topic*, nous proposons d'évaluer dans un premier temps uniquement les caractéristiques indépendantes du *topic* telles que la subjectivité, l'émotivité, l'adressage, la réflexivité. Dans un deuxième temps nous évaluons leur combinaison avec les caractéristiques dépendantes du *topic* (nous avons utilisé le score et le rang de la Baseline 4 fournis par TREC). Pour ce faire, nous utilisons le classifieur SVM, sur lequel nous avons réalisé la validation croisée 5 fois. Chaque groupe comporte 10 *topics* de TREC 2007. Le tableau 4.1, liste les résultats de la mesure MAP obtenus par les meilleurs caractéristiques.

TABLE 4.1 – Les résultats de la MAP pour les principales caractéristiques considérées individuellement (indépendantes)

Caractéristiques	Sous-caractéristiques	MAP
Baseline 4	-	0.3784
Emotivité	Emotivité 1	0.1965
	Emotivité 2	0.1438
Subjectivité	Subjectivité 1	0.1515
	Subjectivité 2	0.1459
	Subjectivité 3	0.1540
	Subjectivité 4	0.1620
Addressabilité	Addressabilité	0.1879
Réfléxivité	Réfléxivité	0.2051

Nous observons que toutes les caractéristiques n'améliorent pas le résultat de la Baseline de TREC. Le meilleur résultat a été fourni par la caractéristique refléxivité avec une valeur de la mesure MAP de 0.2051, mais ce résultat reste cependant faible comparativement au performance de la *baseline*. De ce fait, nous combinons dans ce qui suit ces caractéristiques (indépendantes) avec celles dépendantes du *topic* (score et rang de pertinence).

Le tableau 4.2 liste les résultats de la MAP obtenus par les meilleurs caractéristiques. Nous

TABLE 4.2 – Les résultats de la MAP pour les principales caractéristiques indépendantes combinées avec celles dépendantes du *topic*

Caractéristiques	Sous-caractéristique	MAP
Baseline 4	-	0.3784
Emotivité	Emotivité 1	0.3754
	Emotivité 2	0.3209
Subjectivité	Subjectivité 1	0.3750
	Subjectivité 2	0.3728
	Subjectivité 3	0.3801 (+ 0.44%)
	Subjectivité 4	0.3879 (+2.51 %)
Addressabilité	Addressabilité	0.3787 (+0.07 %)
Réfléxivité	Réfléxivité	0.3718

observons que les meilleurs résultats ont été obtenus par la caractéristique de la Subjectivité Subjectivité 4 qui obtient plus de 2,51% d'amélioration au niveau de la MAP comparativement au Baseline 4 et la caractéristique Subjectivité 3 qui donne une amélioration de la MAP de plus de 0.44% par rapport au *baseline*. Nous observons aussi une amélioration de la MAP pour la caractéristique Adressage avec plus de 0.07% par rapport au *baseline*. Concernant les caractéristiques Émotivité et Réflexivité malgré qu'elles n'améliorent pas la Baseline mais les résultats correspondants s'en approchent. En comparant les résultats des deux tableaux 4.1 et 4.2, nous observons une amélioration de la mesure MAP au niveau de toutes les caractéristiques citées. La meilleure amélioration est donnée par la Subjectivité 4 lorsqu'elle est combinée avec les caractéristiques dépendantes (soit plus de 55.18 %) comparativement à son résultat non combiné et le plus faible résultat d'amélioration est obtenu par la caractéristique émotivité 2 (soit plus de 58.23 %) comparativement à son résultat non combiné. Nous pouvons ainsi dire que la prise en compte des caractéristiques indépendantes combinées avec les caractéristiques dépendantes améliore la performance de l'opinion. Nous proposons dans ce qui suit de combiner les caractéristiques proposées de différentes manières afin de voir si cela a un impact sur la détection d'opinions et de déterminer la combinaison qui améliore au mieux cette dernière.

4.3.2 Combinaison des caractéristiques

Une des problématiques de l'approche proposée réside dans les valeurs assignées aux différentes caractéristiques. Afin de remédier à ces différentes valeurs dans une échelle comparable, nous proposons de transformer ces valeurs en utilisant la fonction de transformation utilisée dans [17] soit :

$$g(x, \theta) = \frac{x}{x + \theta} \quad (4.10)$$

Où x représente la caractéristique à transformer et θ le paramètre de transformation.

TABLE 4.3 – Combinaison des caractéristiques donnant les meilleurs résultats

Caractéristique	Sous-caractéristique	MAP	P@10
Baseline 4	-	0.3784	0.5340
Combinaison	Émotivité-1, Subjectivité-4, Réflexivité, Addressage, Score de pertinence, Rang de pertinence	0.399	0.576

Les résultats du tableau 4.3 montrent que la subjectivité-4 combinée avec la réflexivité, l'adressage et l'émotivité-1, y compris les caractéristiques dépendantes du *topic* (score et rang de pertinence) est la combinaison la plus performante. En effet, en utilisant le classifieur SVM sur les *topics* 2007, nous obtenons une MAP égale à 0.399 et une P@10 égale à 0.576. Cette combinaison a amélioré la mesure MAP de 5.5%, et de 5.61% la précision à 10 documents par rapport à la *baseline* 4. Pour prouver statistiquement l'amélioration de nos résultats la mesure t-test[7]est utilisée, nous avons obtenu pour cette mesure une valeur de P< 0,05 (0,01).

4.3.3 Utilisation des différents classifieurs

Après avoir évalué les différentes caractéristiques individuellement ainsi que différentes combinaisons de ces caractéristiques, nous procédons dans ce qui suit à l'évaluation de l'impact du type de classifieur utilisé. Nous utilisons pour cela, en plus du SVM, les classifieurs Naive Bayesien et Régression Logistique. Le tableau 4.4 présente les résultats de la MAP et de la P@10 pour chaque type de classifieur utilisé avec la meilleure combinaison des caractéristiques citée dans le tableau 4.3. Nous constatons que quelque soit le classifieur utilisé les résultats obtenus

TABLE 4.4 – Résultats des différents classifieurs

Classifieur	MAP	P@10
SVM	0,399	0,576
Logistic Regression	0,395	0,584
Naive Bayes	0,383	0,576
Baseline 4	0.3784	0.5340

améliorent la Baseline de TREC, et le meilleur résultat a été obtenu par le classifieur SVM avec une amélioration de 5.5% au niveau de la MAP comparativement au Baseline 4 de TREC. Le second résultat a été donné par le classifieur Régression Logistique avec une amélioration de 4.51% au niveau de la MAP, et le dernier résultat a été obtenu par le classifieur Naive Bayes avec une amélioration de 1.34% . Afin de mieux comprendre le comportement de notre approche (meilleur combinaison avec le classifieur SVM), nous avons analysé les résultats de la mesure MAP au niveau de chaque *topic* de TREC 2007 comparativement au *baseline* 4.

Le diagramme de la figure 4.1 montre le degré d'amélioration (avec SVM) par rapport au *baseline* (BL) pour chaque *topic* de TREC 2007. Nous avons obtenu une amélioration sur plus de 40 *topics* sur un total de 50 *topics* et une amélioration moyenne de 12,26% a été observée pour 39 *topics*. L'amélioration maximale de 41,60% a été notée pour le *topic* 936 ("Grammy Awards") et l'amélioration minimale de 0,16% a été notée pour le *topic* 917 ("Snopes").

---

7. http://www.socialresearchmethods.net/kb/stat_t.php

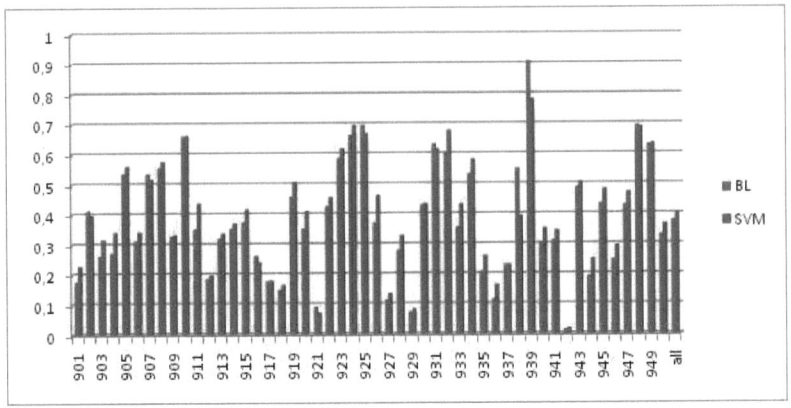

FIGURE 4.1 – L'évaluation des *topics* de 2007 en utilisant SVM

Le tableau 4.5 présente les 10 premiers *topics* qui nous donnent les meilleurs résultats ainsi que leurs pourcentages d'amélioration (%age Amélioration) comparés avec la *baseline* de TREC (BL).

TABLE 4.5 – Topics qui donnent de bons résultats

Num	Topic	BL	SVM	%age Amélioration	Titre
1	936	0.1149	0.1627	41.601	Grammy awards
2	944	0.1916	0.2496	30.271	Opera Software
3	901	0.1749	0.2255	28.930	jstor
4	904	0.2693	0.3385	25.696	Alterman
5	926	0.3699	0.462	24.898	hawthorne heights
6	935	0.2073	0.2587	24.794	Mozart
7	911	0.3496	0.4351	24.456	SCI FI CHANNEL
8	903	0.2585	0.3149	21.818	Steve jobs
9	933	0.3552	0.432	21.621	winter olympics
10	946	0.2467	0.2939	19.132	tivo

En analysant ces résultats, nous remarquons que les *topics* qui ont amélioré la performance sont ceux qui concernent des sujets d'intérêt public comme «Grammy Awards», «Opera software», «Alterman» (chroniqueur et auteur), «Hawthorne Heights» (groupe musical), et «Steve Jobs», etc. Tous ces thèmes sont fréquemment utilisés dans la vie quotidienne. Dans les blogs, les gens lisent ou commentent sur les *blogposts* qui les intéressent. Par conséquent, la plupart des sujets d'intérêt public obtiennent en général plus d'attention que les autres blog posts comportant des sujets moins public. Cette observation confirme également les résultats de Maarten de Rijke [53] qui conclu que les blogs avec le plus grand nombre de commentaires ont tendance à contenir plus d'opinions que les blogs qui en contiennent moins.

Le tableau 4.6 montre les sujets pour lesquels notre approche n'a pas amélioré les résultats. Si on regarde les titres des *topics*, nous constatons que les sujets ne sont pas populaires auprès du public ou que leur popularité est limitée à un certain groupe de personnes.

TABLE 4.6 – Topics qui donnent les résultats les plus mauvais

Num	Topic	BL	SVM	%age Amélioration	Titre
1	902	0.4121	0.3954	-4.052	lactose gas
2	907	0.5324	0.51486	-3.305	brrreeeport
3	916	0.2588	0.2375	-8.230	dice.com
4	921	0.0895	0.0706	-21.117	Christianity Today
5	925	0.6951	0.6669	-4.056	mashup camp
6	931	0.6314	0.6147	-2.644	fort mcmurray
7	938	0.5493	0.39221	-28.66	plug awards
8	939	0.9076	0.7807	-13.981	Beggin Strips
9	942	0.0143	0.0181	26.573	lawful access
10	948	0.6931	0.6879	-0.7502	sorbonne

4.4 Comparaison avec les autres travaux

Il est à noter que pour une comparaison fiable, nous devons comparer les résultats de notre approche avec une approche utilisant la même performance de référence ainsi que les mêmes *topics* de TREC 2007 pour la tâche de détection d'opinions. Le travail de Rodrygo Santos et al. [75] est celui qui donne les meilleurs résultats à notre connaissance en terme de détection d'opinions sur la même collection et *topics* utilisés par notre méthode. Pour cela nous comparons nos résultats avec les leurs en termes de mesure MAP et P@10. Nous remarquons que nos résultats sont légèrement meilleurs, soit une MAP de 0.3999 comparativement à leur MAP qui est égale à 0.3968, et une P@10 de 0.5760 comparativement à leur résultat P@10 égal à 0.5720.

4.5 Conclusion

Dans ce chapitre, nous avons proposé une approche pour la détection d'opinions basée sur l'apprentissage automatique qui utilise deux types de caractéristiques celles qui dépendent du sujet et celles qui n'en dépendent pas. Il est à noter que nous utilisons certaines caractéristiques qui ont été déjà utilisées dans d'autres travaux comme l'adressage et la réflexivité [106, 99, 100]. Ce que nous rapportons de plus est d'une part la considération d'autres caractéristiques telles que les différentes variantes de la subjectivité et d'autre part l'étude de l'impact de différents facteurs sur les performances de la détection d'opinions tels que : L'impact des catégories de caractéristiques (indépendantes, dépendantes), l'impact de la manière de les combiner et l'impact du type de classifeur utilisé. Nous pouvons ainsi conclure que le choix de nos caractéristiques permet de déterminer les documents porteurs d'opinion.

Chapitre 5

Impact du domaine (thème) dans la détection de la polarité

5.1 Introduction

La plupart des travaux liés à la détection de la polarité se basent sur la présence ou l'absence des termes subjectifs dans le document sans tenir compte de la polarité contextuelle de ces termes. Pourtant le contexte, à notre avis, peut jouer un rôle non négligeable dans la mesure de la polarité comme on peut le voir à travers les exemples suivants :

- la polarité attribuée au terme « bien », est positive mais si ce terme est précédé par une négation comme « pas » ou « jamais » sa polarité change, elle devient négative.
- la polarité contextuelle est définie par le sujet que nous recherchons. Par exemple, le mot « imprévisible » dans un document contenant des avis sur un film sera pris comme un avis positif. En revanche, si le même mot est utilisé dans un autre document par exemple pour un avis sur un appareil photo numérique et si on dit qu'une fonctionnalité de cet appareil est imprévisible alors cette fois, le mot est considéré comme un avis négatif.

Dans ce chapitre nous nous sommes intéressés à étudier l'effet du contexte sur la détermination de la polarité. Nous avons considéré que le thème est un élément pertinent pour caractériser le contexte. En d'autres termes, l'hypothèse que nous défendons est la suivante : la polarité dépend du thème considéré dans la requête.

5.2 Démarche : Méthodologie

Nous nous intéressons dans ce chapitre à l'un des aspects du contexte en répondant à la question suivante : existe il des termes subjectifs spécifiques à chaque catégorie de sujets. Pour cela, nous procédons à une classification de *topics* et étudions l'impact de cette classification sur la détection de la polarité. Nous déterminons la polarité d'un document en se basant sur des caractéristiques simples. Notre approche est mixte du fait qu'elle est basée sur le lexique SentiWordNet [86] et l'apprentissage automatique en utilisant un modèle de Logistique Régression. Dans un premier temps nous déterminons la polarité d'un document en ne prenant pas en considération la catégorisation des *topics* (voir le schéma 5.1) en d'autres termes l'apprentissage du classifieur s'effectue sans qu'il y aie une classification des documents.

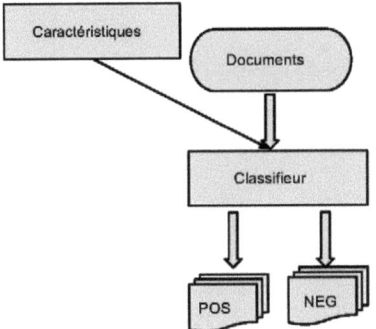

FIGURE 5.1 – Détection de polarité (POS : positive, NEG : négative) sans classification des *topics*

Nous représentons dans la figure 5.1 les différentes étapes de l'approche utilisée classiquement : les documents non classifiés forment l'entrée du classifieur (utilisant les caractéristiques que nous détaillerons dans ce qui suit). Celui ci donnera en sortie la polarité de chaque document. La figure 5.2, donne les différentes étapes de l'approche que nous proposons. Les documents sont classés par catégories (sujets). L'apprentissage du classifieur (tout en maintenant les mêmes caractéristiques que celles de la méthode classique précédente) se fait par thème.

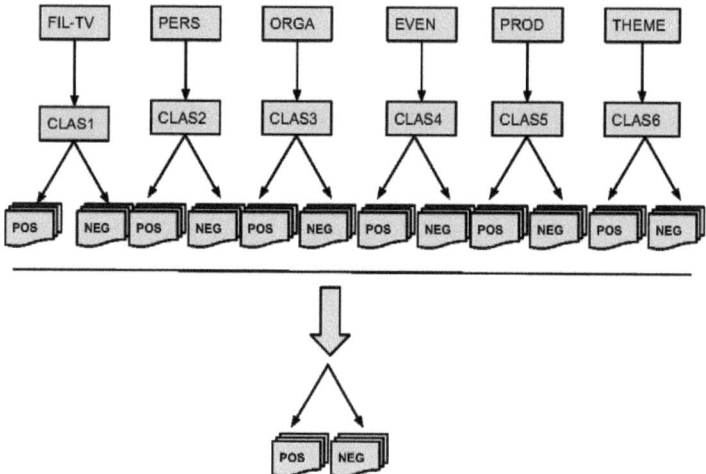

FIGURE 5.2 – Détection de polarité avec classification des *topics* (démarche proposée)

5.3 Catégorisation des *topics* de TREC

Nous avons utilisé les données de TREC Blog 2006 et TREC Blog 2007 constituées respectivement de 50 *topics* chacune. Celles-ci sont numérotées de 851 à 900 pour les *topics* de TREC 2006 et de 901 à 950 pour les *topics* de TREC 2007. Nous avons classifié ces *topics* en six classes que nous mentionnons ci-dessous :

1. Film / TV (FIL-TV);
2. Personne (PERS);
3. Organisation (ORGA);
4. Événement (EVEN);
5. Produit (PROD);
6. Thème (THEME).

Tous les *topics* de TREC Blog 2006 et 2007 (au nombre de 100) ont été lus par deux personnes que nous avons recrutées (appelés annotateurs). Ces annotateurs ont catégorisé ces *topics* selon les six classes de thème que nous avons considéré (FIL-TV, PERS, ORGA, EVEN, PROD, THEME).

Le tableau 5.1 montre l'accord des résultats entre les deux annotateurs. Dans les instructions aux annotateurs, nous leur avons demandé de lire attentivement les descriptions des *topics*, puis le titre de chaque *topic* et de leur attribuer une classe parmi les classes proposées. Le tableau montre que l'on trouve très peu de désaccords entre les annotateurs, et que la plupart des désaccords se trouve au niveau des sujets de l'année 2007 (15 désaccords) et seulement 1 pour l'année 2006.

TABLE 5.1 – Catégorisation des *topics* TREC Blog 2006 et 2007 par les annotateurs suivant les classes (thèmes) adoptées.

ANNOTATEUR 1	ANNOTATEUR 2						
	FIL-TV	PERS	ORGA	EVEN	PERS	THEME	TOT
FIL-TV	12	0	0	3	0	1	**16**
PERS	0	20	1	0	0	0	**21**
ORGA	0	0	14	3	0	2	**19**
EVEN	0	1	0	7	0	2	**10**
PERS	0	0	1	0	13	3	**17**
THEME	0	0	0	2	0	15	**17**
TOT	12	21	16	15	13	23	**100**

La mesure statistique *Kappa* κ de Cohen [15] a été utilisée pour calculer le score d'accord entre les annotateurs. Cette mesure est connue pour être une mesure plus robuste que le calcul de pourcentage car elle tient compte de l'accord qui se produit par hasard. Elle est représentée par l'équation suivante :

$$\kappa = \frac{Pr(a) - Pr(e)}{1 - Pr(e)} \quad (5.1)$$

Où $Pr(a)$ est la probabilité observée d'accord entre les annotateurs, et $Pr(e)$ est la probabilité d'un accord hypothétique par chance. La valeur κ peut varier de -1 (totale contradiction) à 1 (plein accord). Dans notre travail la valeur k a été calculée et est égale à $0,77$, ce qui représente un accord entre les deux annotateurs. Pour les *topics* objets d'un désaccord un troisième annotateur à été sollicité.

Les deux tableaux 5.2 et 5.3 montrent les différents *topics* (respectivement de TREC Blog 2006 et de TREC 2007) pour chaque classe.

Classe	Topics 2006	TOTAL
EVEN	853, 861, 890	3
THEME	855, 858, 859, 865, 867, 868, 869, 878, 889, 894, 896, 898, 895	13
FIL-TV	851, 860, 864, 872, 875, 876, 881, 886, 895	9
PERS	852, 854, 857, 870, 871, 873, 874, 880, 891, 892, 897	11
PROD	856, 862, 879, 883, 893	5
ORGA	863, 866, 877, 882, 884, 885, 887, 888, 900	9

TABLE 5.2 – Résultats après classement de TREC 2006 par les annotateurs.

Classe	Topics 2007	TOTAL
EVEN	943, 938, 936, 933, 925, 923, 914, 913, 906, 905	10
THEME	901, 902, 907, 918, 921, 927, 929, 931, 942	9
FIL-TV	911, 922, 928	3
PERS	903, 904, 908, 920, 924, 935, 940, 941, 947, 949	10
PROD	909, 916, 917, 932, 934, 937, 939, 944, 946, 950	10
ORGA	910, 912, 915, 919, 926, 930, 945, 948	8

TABLE 5.3 – Résultats après classement de TREC 2007 par les annotateurs.

5.4 Expérimentations

Dans cette section, nous voulons étudier l'influence de la classification des *topics* (telle qu'elle a été réalisée dans les tableaux 5.2 et 5.3) sur la détermination de la polarité d'un document. Il est à rappeler que les documents que nous utilisons doivent être porteurs d'opinion. Pour cela, nous avons utilisé le résultat obtenu par la méthode subjectivité-4 ($MAP = 0.3879$ et $P@10 = 0.546$) qui a été détaillée dans le Chapitre 4. Nous procédons à la mise en oeuvre de deux expérimentations distinctes. La première expérimentation (*sans classification*) consiste à utiliser comme données d'apprentissage tout le corpus non classifié (des *topics* de TREC 2006 et de 2007). La seconde expérimentation (*avec classification*) étudie l'effet de la classification des *topics* sur la détermination de la polarité. Pour chaque classe, l'apprentissage du classifieur est réalisé à partir des documents de cette classe. Pour les deux expérimentations, nous avons utilisé un classifieur de type Régression Logistique. Les caractéristiques que nous avons utilisées sont représentées dans le tableau suivant. Dans ce qui suit, nous décrivons trois expérimentations que nous jugeons intéressantes pour mettre en relief l'effet de la classification sur la détermination de la polarité (deux sans classification et une avec classification).

TABLE 5.4 – Les caractéristiques de la polarité

Caractéristiques	Description
Total-Pos	Moyenne des mots positifs dans le document d
Total-Neg	Moyenne des mots négatifs dans le document d
Total-Neu	Moyenne des mots mixtes dans le document d
Total-Adj	Moyenne des adjectifs dans le document d

5.4.1 Détection de la polarité sans classification des *topics*

Dans cette section nous présentons deux expérimentations conçues à partir de données non classifiées. Il s'agit de montrer que les performances du classifieur dépendent des classes de données apprises.

1. *Expérimentation 1*

   Une validation croisée à 5 a été réalisée pour les sujets de l'année 2007. La phase d'apprentissage a été réalisée sur 40 *topics* pour chaque croisement (soit 40*5 *topics*), tandis que pour la phase de test le nombre de *topics* est de 22 *topics* pour chaque croisement (soit 22*5 *topics*). Le nombre 22 est le nombre maximal que peut porter une classe (dans notre cas c'est la classe EVENT). Les *topics* ont été choisis aléatoirement. Il est important de noter que le fait de choisir aléatoirement les *topics* entraine que l'intersection entre l'ensemble des *topics* d'apprentissage et l'ensemble des *topics* test n'est pas nulle.

2. *Expérimentation 2*

   L'expérimentation a été menée de telle manière que les *topics* (au nombre de 22) de la phase de l'apprentissage soient différents de ceux utilisés dans la phase test. En d'autres termes l'ensemble des *topics* d'apprentissage et l'ensemble des *topics* test ont une intersection nulle.

Le tableau 5.5 indique pour les documents positifs POS et pour les documents négatifs NEG leurs mesures de la MAP et de la P@10.

TABLE 5.5 – Mesure de la polarité obtenue par les deux expérimentations

	POS		NEG	
	MAP	P@10	MAP	P@10
Expérimentation 1	0.099	0.200	0.0651	0.0609
Expérimentation 2	0.055	0.072	0.036	0.054

Nous observons dans le tableau 5.5 que *l'expérimentation*1 donne de meilleurs résultats au niveau des deux mesures. Une moyenne d'amélioration au niveau de la MAP (positive et négative) équivalant à 80% et une P@10 de 122% comparativement à *l'expérimentation*2. L'expérimentation 1 donne de meilleurs résultats pour le fait que l'intersection des *topics* d'apprentissage et de test n'est pas nulle, alors que pour l'expérience 2 l'intersection est nulle. Notre interprétation de cela consiste à dire que si l'ensemble test et l'ensemble d'apprentissage sont *liés* c'est à dire appartiennent à une même classe alors les résultats sont bons. De ce fait, il est donc intéressant d'effectuer une classification préalable des *topics* pour améliorer les performances. Ceci est l'objet de la section suivante.

5.4.2 Détection de la polarité avec classification des *topics*

Il s'agit maintenant de vérifier l'hypothèse que la classification des *topics* peut améliorer les performances du classifieur pour la détection de la polarité. Pour cela nous utilisons la classification des *topics* que nous avons effectuées dans la section 5.2. Chaque classe (par exemple : PROD) sera considérée isolément, le classifieur apprendra à partir de la même classe «PROD» et le test se fera à partir de cette classe. Une validation croisée à n a été réalisée parmi les *topics* d'une seule classe à la fois, en utilisant un modèle de régression logistique, où n est le nombre de *topics* dans une classe.

TABLE 5.6 – Comparaison des résultats de la polarité avec et sans classification

	POS		NEG	
	MAP	P@10	MAP	P@10
Sans classification	0.055	0.072	0.036	0.054
Avec classification	0.109	0.146	0.068	0.068
% Amélioration	98.18	102.77	85.24	26.87

On constate (voir tableau 5.6) une amélioration importante des performances pour la détection de la polarité lorsqu'il y a une classification (plus de 100%). Ces résultats confirment que la catégorisation des *topics* est intéressante. Nous donnons (figures 5.3 et 5.4) les MAP obtenues respectivement pour les documents positifs POS et les documents négatifs NEG. On note que la plupart des *topics* pour lesquels une amélioration importante a été constatée dans les deux polarités, sont ceux qui appartiennent aux classes «EVEN», «THEME» ou «PERS» (902, 907, 908, 924, 938, etc.). L'une des raisons pour laquelle une importante amélioration est obtenue dans

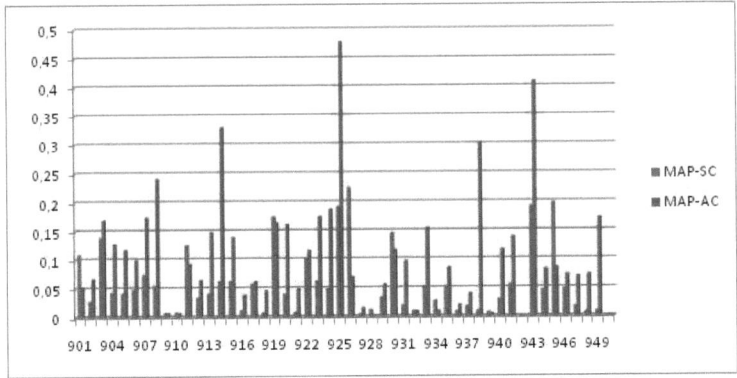

FIGURE 5.3 – Polarité positive

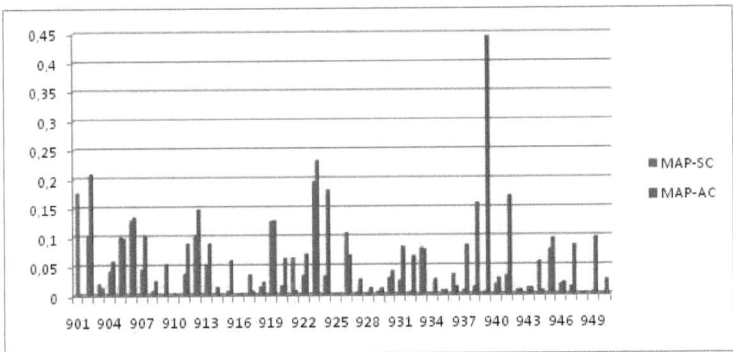

FIGURE 5.4 – Polarité négative

ces classes est peut être du au nombre de *topics* dans les jeux de données d'apprentissage. La classe « THEME » et la classe « Personne » ont un nombre de *topics* de 22 et 21, respectivement dans leur ensemble. Cependant, cette justification ne tient pas pour la classe « EVEN » où nous avons 13 *topics* au total qui est inférieur au nombre de topics de la classe « ORGA » (17 *topics*) et à celui de la classe « PROD » (15 *topics*). Une raison possible pourrait être la classification elle-même des *topics* qu'on a faite. Nous avons observé que la plupart des conflits rencontrés lors de la classification des *topics* était de devoir décider entre les *topics* classifiés en tant qu' événement «EVEN» et les *topics* classifiés en tant que «THEME». Par exemple, il était difficile de décider si le discours du président est un thème ou un événement : par conséquent, nous supposons que des améliorations dans les sujets de la classe «événement» pourraient également refléter des conflits de processus de classification des sujets.

Le tableau 5.7 présente les 10 premiers *topics* de la méthode *avec classification* qui ont obtenu les meilleurs résultats comparativement avec ceux de la méthode *sans classification*. Nous remarquons que les *topics* qui ont donné de bons résultats sont ceux qui appartiennent aux classes «PERS» et «EVEN». Ce que nous pouvons conclure alors est que les termes subjectifs qui apparaissent dans les documents dont les sujets appartiennent à ces deux classes, sont des termes spécifiques à ces classes.

TABLE 5.7 – Les 10 premiers *topics* qui donnent de bons résultats

Topics	MAP	Classe
908	0.2394	PERS
914	0.3291	EVEN
923	0.1742	EVEN
924	0.1862	PERS
925	0.4778	EVEN
938	0.3004	EVEN
943	0.2172	EVEN
920	0.1602	PERS
904	0.1256	PERS
933	0.1542	EVEN

5.5 Conclusion

Dans ce chapitre, nous nous sommes intéressés à la tâche de la détection de polarité dans un document. Nous étudions tout particulièrement l'effet du domaine (thème) dans les performances de cette tâche. Pour ce faire, nous classifions les *topics* de TREC 2006 et de TREC 2007 en un ensemble de classes (thèmes), nous déterminons ensuite la polarité pour chaque thème. Les résultats obtenus par cette méthode (*avec classification*) ont été comparés avec ceux de la méthode qui n'a pas eu recours à une classification de *topics*. Les résultats que nous avons obtenus sont probants (une valeur de t-test p<0.05). Il en ressort donc que la construction de classifieur par domaine joue un rôle dans la détermination de la polarité. Cependant, le problème reste ouvert dans le sens ou il est encore difficile d'effectuer une classification optimale des *topics*.

Conclusion et perspectives

Synthèse

Les travaux proposés dans cette thèse se sont focalisés sur différents problèmes dans le domaine de la détection d'opinions en proposant des approches qui résolvent certaines difficultés liées à ce domaine. Principalement, nos contributions ont porté sur : 1) Une approche basée sur des modèles de langue pour la recherche de documents porteurs d'opinion. 2) Une approche basée sur un apprentissage automatique utilisant des caractéristiques dépendantes et indépendantes du *topic* pour la détection d'opinions. 3) Une étude sur l'impact du domaine (thème) dans la détection de la polarité.

1. Notre principale contribution, décrite dans le chapitre 3, a consisté à proposer une approche qui pallie certaines limites des approches lexicales dans le sens où ces dernières dépendent du lexique utilisé (général ou spécifique) de mots subjectifs et reposent principalement sur la fréquence des termes subjectifs pour représenter le document à opinion. Pour cela nous proposons d'utiliser des ressources subjectives ouvertes et disponibles (dites source d'opinions) pour déterminer si le document est porteur d'opinion. Nous mesurons la similarité du document avec cette source d'opinions, et plus cette similarité est grande et plus le document est considéré comme porteur d'opinion. La représentation du document ainsi que de la source d'opinions se base sur des modèles probabilistes plus spécifiquement des modèles de langue afin de retourner des documents à opinion. Nos expérimentations ont été réalisées sur la collection de TREC Blog06 comme collection test et sur IMDb, SHESS, Rotten et MPQA comme collection de sources ouvertes. Nous avons étudié différents facteurs qui influent sur la détection d'opinions. Pour cela, nous avons d'une part représenté la collection de test et la collection de référence selon différents modèles de langue (tels que ML, DIR, JM, TS) et d'autre part nous avons utilisé différentes mesures de score (tels

que KL, Prod, Mixte) pour déterminer les documents porteurs d'opinion. Les résultats montrent que les meilleures performances ont été obtenues par une représentation basée sur le modèle de langue TS en utilisant la mesure KL divergence pour le score d'opinion d'un document.

Nous pouvons ainsi conclure que la détection d'opinions d'un document varie selon différents facteurs : la représentation du document, la représentation de la collection de référence et la mesure du score d'opinion, et que l'utilisation de ressources diverses et variées, ouvertes et disponibles permet effectivement d'appréhender cette tâche de détection d'opinions.

2. Notre deuxième contribution, décrite dans le chapitre 4, pallie à quelques limites des approches utilisant un apprentissage automatique pour déterminer les documents à opinion. En effet toute la difficulté de ces approches réside au niveau du choix des caractéristiques utilisées dans la détermination des documents à opinion. Les caractéristiques idéales sont nécessairement les plus efficaces en termes de performance (bons résultats) et de généralité (non spécifiques à un domaine). Pour ce faire, nous avons proposé une approche qui allie la performance et la généralité du fait qu'elle se base aussi bien sur des caractéristiques dépendantes du sujet que sur des caractéristiques indépendantes du sujet. Nous avons réalisé plusieurs expérimentations sur la collection de TREC Blog06 afin de déterminer l'ensemble des caractéristiques qui détermine au mieux l'opinion. Nous avons étudié l'effet du type du classifieur (SVM, Naives Bayes et Regression Logistique) sur les résultats. Les meilleurs résultats ont été obtenus par la combinaison des caractéristiques (Emotivité-4, Subjectivité-4, Réflexivité, Adressage, score de pertinence et le rang de pertinence) en utilisant un classifieur de type SVM. Nous observons une amélioration des performances par rapport à la *baseline* de TREC (*baseline* 4) au niveau de la MAP et la P@10. Nous pouvons ainsi conclure qu'un choix judicieux des caractéristiques améliore la performance de la détection d'opinions et que cette dernière varie selon le type du classifieur utilisé.

3. Dans notre dernière contribution, présentée dans le Chapitre 5, nous nous sommes intéressés à une sous tâche de la détection d'opinions qui est la détermination de la polarité. Nous avons traité un aspect relatif au contexte qui consiste à analyser les effets des thèmes (domaines) dans la détection de la polarité d'une opinion. Nous avons procédé à la mise

en oeuvre de deux expérimentations distinctes effectuées sur la collection de TREC Blog 2006 en utilisant un classifieur de type Regression Logistique et de simples caractéristiques telles que : le nombre de mots positifs, le nombre de mots négatifs, le nombre de mots mixtes (extraits du dictionnaire SentiWordNet) et le nombre d'adjectifs. La première expérimentation (*sans classification*) consiste à utiliser comme données d'apprentissage tout le corpus non classifié. La seconde expérimentation (*avec classification*) étudie l'effet de la classification des *topics* par thème sur la détermination de la polarité. Pour chaque classe (représentant un thème), l'apprentissage du classifieur est réalisé à partir des documents de cette classe. La classification des *topics* de TREC 2006 et de 2007 a été faite manuellement par trois annotateurs et les classes sont : Film, Organisation, Événement, Thème, Personne, Produit. Les meilleurs résultats de ces expérimentations sont observés dans l'approche qui se base sur la classification des *topics*. Nous pouvons ainsi conclure que la classification des *topics* en thème joue un rôle dans la détermination de la polarité d'un document.

Limites et perspectives

Les résultats obtenus lors de nos expérimentations sont probants, pourtant il est important de préciser que les approches proposées donnent de nombreuses perspectives que nous citons en détails pour chaque chapitre de nos contributions, puis nous regardons de manière plus générale les différentes directions de recherches que nous suivrons après cette thèse.

Limites et perspectives détaillées

L'approche basée sur les modèles de langue que nous avons classifiée en tant qu'approche lexicale a pour objectif de représenter au mieux les documents porteurs d'opinion en se basant sur une ressource de référence. Ce qui serait intéressant est de pouvoir trouver une meilleure modélisation de la collection test et de la collection de référence en se basant sur d'autres modèles de langue. D'autre part la considération d'autres collections subjectives comme collection de référence renforcerait forcément la notion d'opinion vu qu'elle contiendrait davantage de termes subjectifs. En ce qui concerne la notion de pertinence elle a été prise en compte en combinant linéairement le score de pertinence et le score d'opinion. Il nous semble intéressant d'introduire la notion de pertinence au niveau du score d'opinion afin de retourner au mieux des documents pertinents et porteurs d'opinion.

Nous nous sommes intéressés dans deux de nos contributions à la détection d'opinions à remédier aux limites de deux types d'approches. Celle qui se base sur le lexique et celle qui se base sur un apprentissage automatique. Il serait intéressant de pouvoir comparer ces deux méthodes, en mettant l'accent sur les avantages et les inconvénients de chacune d'elles. Concernant la détection de la polarité, notre but étant de mettre l'accent sur l'impact du domaine sur cette tâche. L'aspect des performances au niveau du choix des caractéristiques a été simplifié (de simple caratéristiques ont été utilisées), de ce fait la prise en compte d'autres caractéristiques renforcerait probablement ces performances.

Futures Directions de Recherche

1. **Interaction des *topics* avec les sentiments**

    a. *Considération du domaine*

    La classification des sentiments peut être influencée par le domaine sur lequel on travaille. La raison est que la même phrase peut indiquer différents sentiments dans différents domaines, comme nous l'avons vu dans notre contribution. La prise en compte de cet aspect est donc importante. Nous pouvons ainsi dire que l'ensemble des termes qui sont d'habitude utilisés pour exprimer des sentiments différent d'un sujet à un autre. Par exemple si l'on considère le terme subjectif «dégoutant» pour exprimer une opinion négative sur un sujet, ce terme aura plus tendance à être utilisé dans des sujets d'ordre nourriture mais ne sera pas employé dans des sujets comme par exemple l'électronique. De ce fait une spécificité des caractéristiques des sentiments pour chaque catégorie de sujet permettra de mieux déterminer les sentiments.

    b. *Considération de la requête*

    La prise en compte de la requête est d'une importance considérable dans le domaine de la détection d'opinions vue que l'on ne demande pas uniquement d'avoir en retour des documents contenant des sentiments mais bien évidemment des documents qui traitent le sujet en question. La considération de la requête a eu recours à plusieurs méthodes, soit de rechercher les sentiments dans le document puis après de cerner les termes de la requête et éliminer tout ce qui n'ont aucun rapport avec ces termes, soit de déterminer les termes de la requête et essayer d'extraire juste les sentiments qui la concernent ce domaine est appelé ainsi *proximity based model*, et qui consiste en générale à mesurer la proximité entre la requête et le document.

2. **Classification basée sur la relation entre les informations**

   a. *Relation entre les phrases et les documents*

   Ce qui est intéressant dans l'analyse des sentiments au niveau du document, est que ce dernier est composé de plusieurs sous documents (paragraphes, phrases) avec souvent des labellisations différentes. Généralement la labellisation du document dépend d'une fonction qui va réunir les labellisations des différents niveaux. Mais il peut exister une relation entre les phrases du document et le document tout entier que l'on doit exploiter. Par exemple la phrase « c'est un film d'horreur » est une phrase qui porte un jugement sur tout le film. Ce dernier est classé parmi les films qui font peur. Si l'on se focalise uniquement à l'extraction des sentiments au niveau des termes du document comme nous l'avons réalisé tout au long de nos contributions, cette notion de relation n'est pas prise en compte, il serait alors intéressant de pouvoir exploiter cela.

   b. *Relation entre le discours des participants*

   Les blogs, les commentaires et les discussions en ligne sont très riches en informations, mais souvent les avis s'opposent, et il est très souvent difficile de cerner la vérité. Par exemple, dans le domaine de la politique, lors des sondages des internautes, les commentaires postés peuvent provenir des membres d'un parti politique bien précis qui insistent pour que leur parti soit élu. Afin de prendre en compte cet aspect il serait intéressant de pouvoir définir un indicateur de désagrément. Par exemple la phrase « je supporte vivement Barack Obama» reflète l'engagement politique de l'internaute qui l'a posté. Et donc tous les commentaires provenant de cette personne vont comporter des opinions positives sur le président Barack Obama.

   c. *Structure du discours*

   La structure du document joue un rôle dans l'analyse des sentiments. La position d'un terme peut avoir un impact considérable dans le sens attribué à un document. Exemple :
   « Le dernier film de Leonardo Dicaprio est très long, il y' a plusieurs scènes horribles,

mais malgré ça, je l'ai adoré ». Il existe plusieurs termes qui contiennent des sentiments négatifs, mais le dernier mot conclut le sentiment général de l'internaute «adoré » qui est positif, d'où l'intérêt de prendre en considération la position du terme dans le texte.

d. *Le contexte*

Plusieurs travaux se sont intéressés à l'extraction et à la détermination des informations relatives au contexte, mais ils se sont focalisés uniquement sur le contenu des documents et n'ont pas pris en compte d'autres facteurs d'évidences basées sur le réseau social. Par exemple il serait important de savoir si les informations qui sont postées sur les blogs sont des informations de confiance (les *spams* ne sont pas considérés comme des sites de confiance). Un score de confiance peut être attribué à chaque blog. Il serait intéressant aussi de déterminer la qualité de l'information. Cette dernière, postée par une personne connue comme un politicien ou une personne âgée, sera surement considérée comme une information de qualité comparativement à celle postée par un internaute non connu ou relativement très jeune. De ce fait le profil du blogueur joue aussi un rôle important (âge, genre, localisation, statut,...), comme par exemple, l'étude sur la liberté vue par les femmes et vue par les hommes, ou l'étude des estimations des votes par région. La prise en compte de ces facteurs améliorera certainement la précision de la détection d'opinions.

Bibliographie

[1] ChengXiang Zhai, and John Lafferty. Two-stage language models for information retrieval. In *Proceedings of the 25th annual international ACM SIGIR conference on Research and development in information retrieval*, SIGIR 02, pages 49–56, New York, NY, USA, 2002. ACM.

[2] Hui Yang, Luo Si and Jamie Callan. Knowledge Transfer and Opinion Detection in the TREC 2006 Blog Track. In *Proceedings of the Fifteenth Text Retrieval Conference (TREC)*, 2006.

[3] George W. Adamson and Jillian Boreham. The use of an association measure based on racter structure to identify semantically related pairs of words and document titles. *Information storage and retrieval*, 10:253–60, 1974.

[4] Agustin Alonso-Rodriguez. Logistic regression and world income distribution. In *International advances in economic research : IAER; an official publication of the International Atlantic Economic Society.*, pages 231–242, Hong Kong, China, 2001.

[5] Ricardo A. Baeza-Yates and Berthier Ribeiro-Neto. *Modern Information Retrieval*. Addison-Wesley Longman Publishing, Boston, MA, USA, 1999.

[6] Balpe Jean-Pierre, Lelu Alain and Natkin Stéphane. *Hypertextes, hypermédias et internet : H2PTM 99 : réalisations, outils et méthodes*, 05, 1999, Paris, 1999. Hermès science.

[7] Faiza Belbachir, Mohand Boughanem, and Malik Muhammad Saad Missen. Probabilistic opinion models based on subjective sources. In *ACM Symposium on Applied Computing (SAC), Gyeongju, Korea, 24/03/2014-29/03/2014*, http://www.acm.org/, 2014. ACM.

[8] Faiza Belbachir, Mohand Boughanem, and Lynda Zaoui. Modèle de langue pour la détection d'opinion dans les blogs. In *INFormatique des Organisations et Systemes d'Information et de Decision (INFORSID), Paris, 29/05/2013-31/05/2013*, pages

541–552, http://inforsid.irit.fr, 2013. INformatique des ORganisations et Systèmes d'Information et de Décision (INFORSID).

[9] Faiza Belbachir, Mohand Boughanem, and Lynda Zaoui. Modèles de langues pour la détection d'opinions dans les blogs. *Document numérique*, 2014.

[10] Faiza Belbachir, Khadidja Henni, and Lynda Zaoui. Automatic detection of gender on the blogs . In *International Conference on computer Systems And Applications (AICCSA), Ifrane, Maroc, 27/05/2013-30/05/2013*, pages 1–4, http://ieeexplore.ieee.org/, 2013. IEEExplore digital library.

[11] Faiza Belbachir and Malik Muhammad Saad Missen. Effectiveness gain of polarity detection through topic domains. In *International Conference on Advances in Semantic Processing (SEMAPRO), Porto, Protugal, 29/09/2013-03/10/2013*, pages 62–67, http://www.iaria.org/, 2013. IARIA.

[12] Burges Christopher . A Tutorial on Support Vector Machines for Pattern Recognition. *Data Min. Knowl. Discov.*, 2(2):121–167, June 1998.

[13] Paula Chesley. Using verbs and adjectives to automatically classify blog sentiment. In *In Proceedings of AAAI-CAAW-06, the Spring Symposia on Computational Approaches*, pages 27–29, 2006.

[14] Ton J. Cleophas, Aeilko H. Zwinderman, and Toine F. Cleophas. *Statistics applied to clinical trials. 3rd ed.* Dordrecht: Springer. xv, 366 p. EUR 72.76 , 2006.

[15] Jacob Cohen. A Coefficient of Agreement for Nominal Scales. *Educ. Psychol. Meas.*, 20:37–46, 1960.

[16] comScore/the Kelsey group. Online consumer-generated reviews have significant impact on offline purchase behavior. http://www.comscore.com/press/release.aspepress=1928. Press Release November 2007.

[17] Nick Craswell, Stephen Robertson, Hugo Zaragoza, and Michael Taylor. Relevance Weighting for Query Independent Evidence. In *Proceedings of the 28th Annual International ACM SIGIR Conference on Research and Development in Information Retrieval*, SIGIR '05, pages 416–423, New York, NY, USA, 2005. ACM.

[18] Sanjiv Das and Mike Chen. Yahoo! for Amazon: Extracting market sentiment from stock message boards . In *Asia Pacific Finance Association Annual Conf. (APFA)*, 2001.

[19] Kushal Dave, Steve Lawrence, and David M. Pennock. Mining the Peanut Gallery: Opinion Extraction and Semantic Classification of Product Reviews. In *Proceedings of the 12th International Conference on World Wide Web*, WWW '03, pages 519–528, New York, NY, USA, 2003. ACM.

[20] David K. Evans, Lun-Wei Ku, Yohei Seki, Hsin-Hsi Chen and Noriko Kando. Opinion Analysis Across Languages: An Overview of and Observations from the NTCIR6 Opinion Analysis Pilot Task. In *Proceedings of the Workshop on Cross-Language Information Processing*, pages 456–463, 2007.

[21] Nives Dolsate and Maureen Dunn. Investments in global warming mitigation : The case of activities implemented Jointly. *Policy Sciences*, 39(3):233–248, 2006.

[22] Douglas W. Oard, Tamer Elsayed, Jianqiang Wang, Yejun Wu, Pengyi Zhang, Eileen G. Abels, Jimmy J. Lin and Dagobert Soergel. TREC 2006 at Maryland: Blog, Enterprise, Legal and QA Tracks. In *Proceedings of the Fifteenth Text REtrieval Conference, (TREC)*, 2006.

[23] Daniel W. Drezner and Henry Farrell. The power and politics of Blogs. Public Choice, 134(1):15-30, January 2008.

[24] Koji Eguchi and Chirag Shah. Opinion retrieval experiments using generative models: Experiments for the TREC 2006 Blog Track. In *Proceedings of The Sixteenth Text REtrieval Conference (TREC)*, 2006.

[25] Jonathan L. Elsas, Jaime Arguello, Jamie Callan, and Jaime G. Carbonell. Retrieval and feedback models for blog feed search. In *Proceedings of the 31st Annual International ACM SIGIR Conference on Research and Development in Information Retrieval*, SIGIR '08, pages 347–354, New York, NY, USA, 2008. ACM.

[26] Eric Charton and Rodrigo Acuna-Agost . Quel modèle pour détecter une opinion? Trois propositions pour généraliser l'extraction d'une idée dans un copus . In *Actes de l'atelier de clôture du 3ème défi fouille de textes*, 2007.

[27] Finn Aidan, Nicholas Kushmerick and Barry Smyth. Genre Classification and Domain Transfer for Information Filtering. In *European Conference on Information Retrieval (ECIR)*, volume 2291 of *Lecture Notes in Computer Science*, pages 353–362. Springer, 2002.

[28] Shima Gerani, Mark James Carman, and Fabio Crestani. Proximity-based Opinion Retrieval. In *Proceedings of the 33rd International ACM SIGIR Conference on Research and Development in Information Retrieval*, SIGIR '10, pages 403–410, New York, NY, USA, 2010. ACM.

[29] Gerard Salton, Wong, A. and Yang, C. S. A Vector Space Model for Automatic Indexing. *Commun. ACM*, 18(11):613–620, November 1975.

[30] Samuel Gesche, Guy Caplat, and Sylvie Calabretto. Managing difference of opinion in semantic structures. In *Proceedings of the 2007 International Workshop on Semantically Aware Document Processing and Indexing*, SADPI '07, pages 79–86, New York, NY, USA, 2007. ACM.

[31] Giambattista Amati, Edgardo Ambrosi, Marco Bianchi, Carlo Gaibisso and Giorgio Gambosi . Automatic construction of an opinion-term vocabulary for ad hoc retrieval. In *Proceedings of the IR research, 30th European conference on Advances in information retrieval*, European Conference on Information Retrieval (ECIR), pages 89–100, Berlin, Heidelberg, 2008. Springer-Verlag.

[32] Gladell P. Paner Rui He Saeedeh Masoom James Sinacore Robert C. Flanigan Girish Venkataraman, Vijayalakshmi Ananthanarayanan and Eva M. Wojcik. Morphometric sum optical density as a surrogate marker for ploidy status in prostate cancer: an analysis in 180 biopsies using logistic regression and binary recursive partitioning. *Virchows Arch*, 449(3):302–7, 2006.

[33] Hussam Hamdan, Frederic Béchet, and Patrice Bellot. Experiments with dbpedia, wordnet and sentiwordnet as resources for sentiment analysis in micro-blogging. In *Second Joint Conference on Lexical and Computational Semantics (*SEM), Volume 2: Proceedings of the Seventh International Workshop on Semantic Evaluation (SemEval 2013)*, pages 455–459, Atlanta, Georgia, USA, June 2013. Association for Computational Linguistics.

[34] Vasileios Hatzivassiloglou and Kathleen R. McKeown. Predicting the Semantic Orientation of Adjectives. In *Proceedings of the 35th Annual Meeting of the Association for Computational Linguistics and Eighth Conference of the European Chapter of the Association for Computational Linguistics*, ACL '98, pages 174–181, Stroudsburg, PA, USA, 1997. Association for Computational Linguistics.

[35] Vasileios Hatzivassiloglou and Janyce M. Wiebe. Effects of Adjective Orientation and

Gradability on Sentence Subjectivity. In *Proceedings of the 18th Conference on Computational Linguistics - Volume 1*, COLING '00, pages 299–305, Stroudsburg, PA, USA, 2000. Association for Computational Linguistics.

[36] Ben He, Craig Macdonald, Jiyin He, and Iadh Ounis. An effective statistical approach to blog post opinion retrieval. In *Proceedings of the 17th ACM Conference on Information and Knowledge Management*, CIKM '08, pages 1063–1072. ACM, 2008.

[37] Ben He, Craig Macdonald, and Iadh Ounis. Ranking Opinionated Blog Posts Using Opinion Finder. In *Proceedings of the 31st Annual International ACM SIGIR Conference on Research and Development in Information Retrieval*, SIGIR 08, pages 727–728, New York, NY, USA, 2008. ACM.

[38] Xuanjing Huang and Croft W. Bruce. A Unified Relevance Model for Opinion Retrieval. In *Proceedings of the 18th ACM Conference on Information and Knowledge Management*, CIKM '09, pages 947–956, New York, NY, USA, 2009. ACM.

[39] Iadh Ounis, Gianni Amati, Vassilis Plachouras, Ben He, Craig Macdonald and Christina Lioma . Terrier: A High Performance and Scalable Information Retrieval Platform. In *Proceedings of ACM SIGIR'06 Workshop on Open Source Information Retrieval (OSIR 2006)*, 2006.

[40] E. Ide. New experiments in relevance feedback. *The SMART retrieval system: experiments in automatic document processing*, pages 337–354, 1971.

[41] Jay M. Ponte and W. Bruce Croft. A Language Modeling Approach to Information Retrieval. In *Proceedings of the 21st Annual International ACM SIGIR Conference on Research and Development in Information Retrieval*, SIGIR 98, pages 275–281, New York, NY, USA, 1998. ACM.

[42] Jose M. Chenlo and David E. Losada. Combining document and sentence scores for blog topic retrieval. In *Proceedings of the Spanish Conference on Information Retrieval*, (CERI), 2010.

[43] Kazuhiro Seki, Yoshihiro Kino, Shohei Sato and Kuniaki Uehara. TREC 2007 Blog Track Experiments at Kobe University. In *Proceedings of The Sixteenth Text REtrieval Conference (TREC)*, 2007.

[44] Liao Xiangwen, Cao Donglin, Yu Wang, Wei Liu, Songho Tan, Hongho Xu and Xuegi

Cheng. Experiments in TREC 2007 Blog Opinion Task at CAS-ICT. In *Proceedings of the TREC, Gaithersburg, USA*, 2008.

[45] Chenghua Lin and Yulan He. Joint Sentiment/Topic Model for Sentiment Analysis. In *Proceedings of the 18th ACM Conference on Information and Knowledge Management*, CIKM '09, pages 375–384, New York, NY, USA, 2009. ACM.

[46] Craig Macdonald, Iadh Ounis, and Ian Soboroff. Overview of TREC 2009 Blog Track. In *Proceedings of The Eighteenth Text Retrieval Conference, (TREC)*, 2009.

[47] Craig Macdonald, Rodrygo L.T. Santos, Iadh Ounis, and Ian Soboroff. Blog Track Research at TREC. *SIGIR Forum*, 44(1):58–75, August 2010.

[48] Malcolm Clark, Ulises C. Beresi, Stuart Watt and David Harper. RGU at the TREC Blog Track. In *Proceedings of the Fifteenth Text Retrieval Conference (TREC)*, 2006.

[49] Rila Mandala, Takenobu Tokunaga, and Hozumi Tanaka. Combining Multiple Evidence from Different Types of Thesaurus for Query Expansion. In *Proceedings of the 22Nd Annual International ACM SIGIR Conference on Research and Development in Information Retrieval*, SIGIR '99, pages 191–197, New York, NY, USA, 1999. ACM.

[50] M. E. Maron and J. L. Kuhns. On Relevance Probabilistic Indexing and Information Retrieval. *J. ACM*, 7(3):216–244, July 1960.

[51] Robert L. Mercer, Lalit R. Bahl, and Frederick Jelinek. A Maximum Likelihood Approach to Continuous Speech Recognition. *IEEE Trans. Pattern Anal. Mach. Intell.*, 5(2):179–190, 1983.

[52] Gilad Mishne. Multiple Ranking Strategies for Opinion Retrieval in Blogs - The University of Amsterdam at the 2006 TREC Blog Track. In *Proceedings of the Fifteenth Text Retrieval Conference (TREC)*, volume Special Publication 500-272. National Institute of Standards and Technology (NIST), 2006.

[53] Gilad Mishne and Maarten de Rijke. A Study of Blog Search. In *28th European Conference on Information Retrieval (ECIR)*, pages 289–301, 2006.

[54] Gilad Mishne and Natalie Glance. Predicting Movie Sales from Blogger Sentiment. In *AAAI Symposium on Computational Approaches to Analysing Weblogs (AAAI-CAAW)*, pages 155–158, 2006.

[55] Malik Muhammad Saad Missen, Faiza Belbachir, and Guillaume Cabanac. Combining

document-level topic dependent and topic independent evidences for opinion retrieval. *Information - Interaction - Intelligence*, 12(1):53–74, septembre 2012. SIGRI.

[56] Malik Muhammad Saad Missen and Mohand Boughanem. Sentence-Level Opinion-Topic Association for Opinion Detection in Blogs. In *IEEE International Symposium on Mining and Web, Bradford, UK, 26/05/2009-29/05/2009*, pages 733–737, http://www.computer.org, 2009. IEEE Computer Society.

[57] Malik Muhammad Saad Missen, Mohand Boughanem, and Guillaume Cabanac. Using Passage-Based Language Model for Opinion Detection in Blogs (poster). In *Annual ACM Symposium on Applied Computing (SAC), Sierre, Switzerland, 22/03/2010-26/03/2010*, pages 1821–1822, http://www.acm.org/, mars 2010. ACM.

[58] Rahman Mukras, Nirmalie Wiratunga, and Robert Lothian. The Robert Gordon University at the Opinion Retrieval Task of the 2007 TREC Blog Track. In *Proceedings of The Sixteenth Text REtrieval Conference (TREC)*, 2007.

[59] Jin-Cheon Na, Haiyang Sui, Christopher Khoo, Syin Chan, and Yunyun Zhou. Effectiveness of Simple Linguistic Processing in Automatic Sentiment Classification of Product Reviews. In *Conference of the International Society for Knowledge Organization (ISKO)*, pages 49–54, 2004.

[60] Seung-Hoon Na, Yeha Lee, Sang-Hyob Nam, and Jong-Hyeok Lee. Improving Opinion Retrieval Based on Query-Specific Sentiment Lexicon. In *Advances in Information Retrieval*, volume 5478 of *Lecture Notes in Computer Science*, pages 734–738. Springer Berlin / Heidelberg, 2009.

[61] Office of Fair Trading. Findings from consumer surveys on internet shopping. http://www.oft.gov.uk/shared_oft/reports/Evaluating-OFTs-work/oft1079.pdf. Office of Fair Trading, 2009.

[62] Myle Ott, Yejin Choi, Claire Cardie, and Jeffrey T. Hancock. Finding Deceptive Opinion Spam by Any Stretch of the Imagination. In *Proceedings of the 49th Annual Meeting of the Association for Computational Linguistics: Human Language Technologies - Volume 1*, HLT '11, pages 309–319, Stroudsburg, PA, USA, 2011. Association for Computational Linguistics.

[63] Iadh Ounis, Maarten de Rijke, Craig Macdonald, Gilad Mishne, and Ian Soboroff.

Overview of the TREC-2006 Blog Track. In *Proceedings of the Fifteenth Text Retrieval Conference (TREC)*, 2006.

[64] Bo Pang and Lillian Lee. A Sentimental Education: Sentiment Analysis Using Subjectivity Summarization Based on Minimum Cuts. In *Proceedings of the 42nd Meeting of the Association for Computational Linguistics (ACL'04), Main Volume*, pages 271–278, Barcelona, Spain, July 2004.

[65] Bo Pang, Lillian Lee, and Shivakumar Vaithyanathan. Thumbs Up?: Sentiment Classification Using Machine Learning Techniques. In *Proceedings of the ACL-02 Conference on Empirical Methods in Natural Language Processing - Volume 10*, EMNLP '02, pages 79–86, Stroudsburg, PA, USA, 2002. Association for Computational Linguistics.

[66] Xuan-Hieu Phan. CRFTagger: CRF English POS Tagger, 2006.

[67] Martin F. Porter. An algorithm for suffix stripping. *Program: Electronic Library & Information Systems*, 40(3):211–218, 1980.

[68] Yonggang Qiu and Hans-Peter Frei. Concept Based Query Expansion. In *Proceedings of the 16th Annual International ACM SIGIR Conference on Research and Development in Information Retrieval*, SIGIR '93, pages 160–169, New York, NY, USA, 1993. ACM.

[69] Lee Rainie and John Horrigan. Election 2006 online. January 2007.

[70] Veselin Raychev and Preslav Nakov. Language-Independent Sentiment Analysis Using Subjectivity and Positional Information. In *RANLP*, pages 360–364, 2009.

[71] Fuji Ren, Lixin Fan, and Jian-Yun Nie. Saak approach: How to acquire knowledge in an actual application system. *IASTED International Conference on Artificial Intelligence and Soft Computing, Honolulu*, pages 136–140, 1999.

[72] Ellen Riloff and Janyce Wiebe. Learning Extraction Patterns for Subjective Expressions. In *Proceedings of the 2003 Conference on Empirical Methods in Natural Language Processing*, EMNLP '03, pages 105–112, Stroudsburg, PA, USA, 2003. Association for Computational Linguistics.

[73] Anil Robin and Sarkar Sudeshna. IIT Kharagpur at TREC 2008 Blog Track. In *Proceedings of The Seventeenth Text Retrieval Conference (TREC)*, volume Special Publication 500-277. National Institute of Standards and Technology (NIST), 2008.

[74] J. Rocchio. *Relevance Feedback in Information Retrieval*. Prentice Hall, Englewood, Cliffs, New Jersey, 1971.

[75] Rodrygo L. T. Santos, Ben He, Craig Macdonald, and Iadh Ounis. Integrating Proximity to Subjective Sentences for Blog Opinion Retrieval. In *European Conference on Information Retrieval (ECIR)*, volume 5478 of *Lecture Notes in Computer Science*, pages 325–336. Springer, 2009.

[76] Gerard Salton. A Comparison Between Manual and Automatic Indexing Methods. Technical report, Ithaca, NY, USA, 1968.

[77] Gerard Salton and Chris Buckley. Readings in Information Retrieval. chapter Improving Retrieval Performance by Relevance Feedback, pages 355–364. Morgan Kaufmann Publishers Inc., San Francisco, CA, USA, 1997.

[78] Gerard Salton and Michael J. McGill. *Introduction to Modern Information Retrieval*. McGraw-Hill, New York, NY, USA, 1986.

[79] Fabrizio Sebastiani. Machine Learning in Automated Text Categorization. *ACM Comput. Surv.*, 34(1):1–47, March 2002.

[80] Kazuhiro Seki and Kuniaki Uehara. Adaptive Subjective Triggers for Opinionated Document Retrieval. In *Proceedings of the Second ACM International Conference on Web Search and Data Mining*, WSDM '09, pages 25–33, New York, NY, USA, 2009. ACM.

[81] Gün R. Semin and Klaus Fiedler. The cognitive functions of linguistic categories in describing persons: Social cognition and language. *Journal of Personality and Social Psychology*, 54(4):558–568, 1988.

[82] Jangwon Seo and W. Bruce Croft. Blog site search using resource selection. In *CIKM*, pages 1053–1062. ACM, 2008.

[83] Shima Gerani, Mark J. Carman and Fabio Crestani. Investigating Learning Approaches for Blog Post Opinion Retrieval. In Mohand Boughanem, Catherine Berrut, Josiane Mothe, and Chantal Soulé-Dupuy, editors, *European Conference on Information Retrieval (ECIR)*, volume 5478 of *Lecture Notes in Computer Science*, pages 313–324. Springer, 2009.

[84] Rui Song, Qin Tang, Daming Shi, Hongfei Lin, and Zhihao Yang. DUTIR at TREC 2007 Blog Track. In *Proceedings of The Sixteenth Text Retrieval Conference (TREC)*, volume Special Publication 500-274. National Institute of Standards and Technology (NIST), 2007.

[85] Steven Stack. Suicide risk among correctional officers : A logistic regression analysis. In *Archives of Suicide Research*, pages vol3 issue 3 p183–186, 1997.

[86] Stefano Baccianella, Andrea Esuli and Fabrizio Sebastiani. SentiWordNet 3.0: An Enhanced Lexical Resource for Sentiment Analysis and Opinion Mining. In *Proceedings of the Seventh International Conference on Language Resources and Evaluation (LREC'10)*, Valletta, Malta, Mai 2010. European Language Resources Association (ELRA).

[87] Philip J. Stone, Dexter C. Dunphy, Marshall S. Smith, and Daniel M. Ogilvie. *The General Inquirer: A Computer Approach to Content Analysis*. MIT Press, Cambridge, MA, 1966.

[88] Matt Thomas, Bo Pang, and Lillian Lee. Get out the vote: Determining support or opposition from Congressional floor-debate transcripts. In *Proceedings of EMNLP*, pages 327–335, 2006.

[89] Peter D. Turney. Thumbs Up or Thumbs Down?: Semantic Orientation Applied to Unsupervised Classification of Reviews. In *Proceedings of the 40th Annual Meeting on Association for Computational Linguistics*, ACL '02, pages 417–424, Stroudsburg, PA, USA, 2002. Association for Computational Linguistics.

[90] Van C. J. Rijsbergen. *Information Retrieval*. Butterworth-Heinemann, Newton, MA, USA, 2nd edition, 1979.

[91] Olga Vechtomova. Using Subjective Adjectives in Opinion Retrieval from Blogs. In *Proceedings of The Sixteenth Text Retrieval Conference (TREC)*, 2007.

[92] Ellen M. Voorhees and Lori P. Buckland. UIC at TREC 2006 Blog Track. In *Proceedings of the Fifteenth Text Retrieval Conference, TREC*, volume Special Publication 500-272. National Institute of Standards and Technology (NIST), 2006.

[93] Wang Jianqiang, Sun Ying, Mukhtar Omar and Rohini K. Srihari. TREC 2008 at the University at Buffalo: Legal and Blog Track. In *Proceedings of The Seventeenth Text Retrieval Conference, (TREC)*, volume Special Publication 500-277. National Institute of Standards and Technology (NIST), 2008.

[94] Stanley Wasserman and Philippa Pattison. Logit models and logistic regressions for social networks: I. An introduction to Markov graphs andp. *Psychometrika*, 61(3):401–425, September 1996.

[95] Janyce Wiebe and Ellen Riloff. Creating Subjective and Objective Sentence Classifiers from Unannotated Texts. In *Proceedings of the 6th International Conference on Computational Linguistics and Intelligent Text Processing*, CICLing'05, pages 486–497, Berlin, Heidelberg, 2005. Springer-Verlag.

[96] Janyce Wiebe, Theresa Wilson, and Matthew Bell. Identifying Collocations for Recognizing Opinions. In *Proceedings of the ACL-01 Workshop on Collocation: Computational Extraction, Analysis, and Exploitation*, pages 24–31, Toulouse, France, 2001.

[97] Theresa Wilson, Janyce Wiebe, and Paul Hoffmann. Recognizing Contextual Polarity in Phrase-level Sentiment Analysis. In *Proceedings of the Conference on Human Language Technology and Empirical Methods in Natural Language Processing*, HLT '05, pages 347–354, Stroudsburg, PA, USA, 2005. Association for Computational Linguistics.

[98] Kiduk Yang. WIDIT in TREC 2008 Blog Track: Leveraging Multiple Sources of Opinion Evidence. In *Proceedings of The Seventeenth Text Retrieval Conference, (TREC)*, 2008.

[99] Kiduk Yang, Ning Yu, Alejandro Valerio, and Hui Zhang. WIDIT in TREC-2006 Blog Track. In *Proceedings of the Fifteenth Text REtrieval Conference (TREC)*, 2006.

[100] Kiduk Yang, Ning Yu, and Hui Zhang. WIDIT in TREC 2007 Blog Track: Combining Lexicon-Based Methods to Detect Opinionated Blogs. In *Proceedings of The Sixteenth Text Retrieval Conference (TREC)*, 2007.

[101] Yeha Lee, Seung-Hoon Na, Jungi Kim, Sang-Hyob Nam, Hun-Young Jung and Jong-Hyeok Lee. KLE at TREC 2008 Blog Track: Blog Post and Feed Retrieval. In *Proceedings of The Seventeenth Text Retrieval Conference (TREC)*, 2008.

[102] Hong Yu and Vasileios Hatzivassiloglou. Towards Answering Opinion Questions: Separating Facts from Opinions and Identifying the Polarity of Opinion Sentences. In *Proceedings of the 2003 Conference on Empirical Methods in Natural Language Processing*, EMNLP '03, pages 129–136, Stroudsburg, PA, USA, 2003. Association for Computational Linguistics.

[103] Chengxiang Zhai and John Lafferty. A Study of Smoothing Methods for Language Models Applied to Ad Hoc Information Retrieval. In *Proceedings of the 24th Annual International ACM SIGIR Conference on Research and Development in Information Retrieval*, SIGIR '01, pages 334–342, New York, NY, USA, 2001. ACM.

[104] Ethan Zhang and Yi Zhang . UCSC on REC 2006 Blog Opinion Mining. In *Proceedings of the Fifteenth Text REtrieval Conference (TREC)*, volume Special Publication 500-272. National Institute of Standards and Technology (NIST), 2006.

[105] Min Zhang and Xingyao Ye. A Generation Model to Unify Topic Relevance and Lexicon-based Sentiment for Opinion Retrieval. In *Proceedings of the 31st Annual International*

ACM SIGIR Conference on Research and Development in Information Retrieval, SIGIR '08, pages 411–418, New York, NY, USA, 2008. ACM.

[106] GuangXu Zhou, Hemant Joshi, and Coskun Bayrak. Topic Categorization for Relevancy and Opinion Detection. In *Proceedings of The Sixteenth Text Retrieval Conference (TREC)*, 2007.

[107] Lina Zhou, Douglas P. Twitchell, Tiantian Qin, Judee K. Burgoon, and Jay F. Nunamaker, Jr. An Exploratory Study into Deception Detection in Text-Based Computer-Mediated Communication. In *Proceedings of the 36th Annual Hawaii International Conference on System Sciences (HICSS'03) - Track1 - Volume 1*, HICSS '03, pages 44–54, Washington, DC, USA, 2003. IEEE Computer Society.

[108] Olena Zubaryeva and Jacques Savoy. Évaluation de modèles de classification automatique appliqués à la détection d'opinions. In *CORIA*, pages 271–286. Centre de Publication Universitaire, 2010.

Oui, je veux morebooks!

I want morebooks!

Buy your books fast and straightforward online - at one of the world's fastest growing online book stores! Environmentally sound due to Print-on-Demand technologies.

Buy your books online at
www.get-morebooks.com

Achetez vos livres en ligne, vite et bien, sur l'une des librairies en ligne les plus performantes au monde!
En protégeant nos ressources et notre environnement grâce à l'impression à la demande.

La librairie en ligne pour acheter plus vite
www.morebooks.fr

OmniScriptum Marketing DEU GmbH
Heinrich-Böcking-Str. 6-8
D - 66121 Saarbrücken

Telefax: +49 681 93 81 567-9

info@omniscriptum.de
www.omniscriptum.de

Printed by Books on Demand GmbH, Norderstedt / Germany